COLLECTION FOLIO

Aristophane

L'Assemblée des femmes

Traduit du grec et annoté
par Victor-Henry Debidour

Gallimard

Cette pièce est extraite du tome II du *Théâtre complet* d'Aristophane (Folio classique n° 1790).

Fondateur de la comédie grecque, Aristophane est né à Athènes durant le Siècle de Périclès, aux alentours de 450 avant J.-C. ; il s'y est éteint autour de l'an – 385. Dramaturge satirique, dont le style hybride mêle grivoiserie et lyrisme, fantaisie et engagement, il est l'auteur d'une vaste œuvre dramatique pour une grande part perdue et dont demeurent *Les Acharniens* (– 425), *Les Cavaliers* (– 424), *Les Nuées* (– 423), *Les Guêpes* (– 422), *La Paix* (– 421), *Les Oiseaux* (– 414), *Lysistrata* (– 411), *Les Thesmophories* (– 411), *Les Grenouilles* (– 405), *L'Assemblée des femmes* (– 392) ainsi que *Ploutos* (– 388). La majorité de ses pièces fut composée alors qu'Athènes est engagée dans la guerre du Péloponnèse (– 431 à – 404), période qui annonce le déclin de la célèbre *polis*.

Lisez ou relisez les livres d'Aristophane parus aux Éditions Gallimard :

THÉÂTRE COMPLET I (Folio classique n° 1789)

THÉÂTRE COMPLET II (Folio classique n° 1790)

THÉÂTRE COMPLET (Bibliothèque de la Pléiade n° 441)

PERSONNAGES

GAILLARDINE (Praxagora), femme de Miravoine.
DEUX FEMMES.
CHŒUR de femmes athéniennes.
MIRAVOINE (Blépyros), vieux bonhomme.
CRACHIGNOL (Chrémès), son compère.
UN VOISIN.
LA CRIEUSE officielle.
TROIS VIEILLES FEMMES.
UNE JOLIE FILLE.
UN BEAU GARÇON.
LA SERVANTE DE GAILLARDINE.

*La scène représente une placette d'Athènes, avec deux maisons, une de chaque côté. On est au petit matin. Gaillardine sort de chez elle sur la pointe des pieds. Elle a un manteau et des souliers d'homme, et porte d'une main une lanterne, de l'autre un bâton**.

* Les didascalies sont composées par V.-H. Debidour (nulle didascalie signée d'Aristophane ne nous étant connue pour cette pièce). (*N.d.É.*)

GAILLARDINE, *agitant sa lanterne.*

Lampe[1] ! Œil de flamme, enfant d'un disque tournoyant
et dûment appendu pour être bien en vue —
nous ne cèlerons point quelle fut ta naissance
et quel est à présent le lot de tes destins :
d'un potier tournassant le pouce te forma,
et tes naseaux de feu remplacent le soleil... —
va faire flamboyer le signal convenu !
Nous te mettons, toi seule, au fait de nos desseins,
et c'est bien légitime : au fond de nos alcôves,
quand nous nous trémoussons en amoureux essais,
n'es-tu pas là pour assister ? Oui, quand nos reins
se creusent, c'est ton œil qui préside aux reprises !
Et nul ne le bannit de chez lui : C'est toi seule
qui vois à ta clarté s'ouvrir entre nos cuisses
l'intimité du sanctuaire dont tu flambes
la toison buissonnante !

1. Tout ce début parodie un prologue de tragédie. Le mot τροχήλατος, appliqué à la lampe, signifie « qu'un potier a façonné sur le tour » ; mais il vaudrait pour le soleil, avec le sens de « qui fait rouler son char ».

Et quand nous pénétrons, furtives, sous les voûtes
qu'emplissent le froment, le sang divin des grappes,
c'est encor toi qui nous assistes, sans jamais
souffler mot aux voisins de ta complicité !

Ainsi seras-tu dans la confidence de toutes les décisions que mes amies ont prises à la fête des Ombrelles. Mais pas une ne se montre ! Elles devraient déjà être là : le jour va poindre, et l'Assemblée s'ouvrir d'un instant à l'autre ! Il faut nous emparer des places, sur les bancs que Bafouillaud[1] — vous vous souvenez bien ? — a un beau jour appelés des... pravées, et y asseoir subrepticement nos arrières. *(Un silence.)* Qu'est-ce qui peut bien se passer ? Peut-être qu'elles n'ont pas pu se procurer les barbes postiches qu'on avait dit d'avoir ? Ou bien c'est pour chiper en cachette les frusques de leurs hommes qu'elles ont eu des ennuis ?... Mais tiens, je vois un lumignon, là, qui s'approche... Eh bien, voyons... je vais me reculer un peu... Si c'était un homme, ma foi, qui vient dans ces parages ?...

Elle se cache dans la ruelle. Entre un groupe de femmes avec des souliers masculins aux pieds et des bâtons à la main.

UNE PREMIÈRE FEMME

En avant, c'est le moment ! Le crieur, juste comme nous approchions, a lancé son second cocorico.

1. *Litt. : Phyromachos*, sobriquet burlesque pour un nommé Cléomachos, qui avait fait un « cuir » célèbre, en disant, au lieu de ἑτέρας (« les autres [places] »), ἑταίρας (« les catins »).

GAILLARDINE, *à part.*

Et moi, à vous attendre, je n'ai pas fermé l'œil de toute la nuit ! Allons, voyons, que je fasse sortir ma voisine, là : je vais l'appeler en grattant à sa porte ; il ne faut pas donner l'éveil à son homme !

Elle gratte discrètement à la porte, qui s'entrouvre aussitôt ; une femme se glisse dehors.

SECONDE FEMME

J'étais en train de me chausser : je t'ai entendue tapoter du doigt. Pas question de dormir ! Mon homme, tu sais, chérie — c'est qu'il se tient là, comme marin, mon époux ! —, il m'a souqué dessus toute la nuit, à la godille, sous les couvertures !

Montrant le manteau qu'elle a sur le bras.

Son manteau, tu vois ? je viens tout juste de pouvoir m'en saisir.

GAILLARDINE

Ah ! j'aperçois Vertunette[1] ! et Viviane, la voilà enfin qui rapplique, et Dulcinée ! Pressez-vous un peu, non ? Praline a juré que la dernière arrivée paierait vingt chopines à boire, et un litron de pignes à croquer[2] !

1. Le défilé de noms propres, féminins et masculins, dont certains ont une saveur amusante, déjoue tout effort de précision dans les transpositions.

2. *Litt. : trois conges de vin et une chénice de pois chiches* (comme amuse-gueule pour accompagner la beuverie) — mais le mot ἐρέβινθος, « pois chiches », est de ceux qui ont un second sens obscène.

LA SECONDE

Et la femme à Petitot, tu ne la vois pas, Mellifluette, qui se dépêche dans ses croquenots ? Pourtant, s'il ne tient qu'à son mari, elle a dû avoir tout loisir de sortir — c'est bien la seule !

LA PREMIÈRE

Et celle au mastroquet, Lichelotte,
la vois-tu pas, tenant sa torche dans la dextre ?

GAILLARDINE

Et celle de Jolidon ! Et celle à Gaudissard ! les voilà qui rappliquent, et d'autres, une foultitude de femmes — tout ce qui compte dans la ville !

UNE TROISIÈME FEMME

Et j'en ai eu du mal et de la peine, moi, ma chère, pour m'évader et me défiler ! mon homme a toussé toute la nuit : il s'était empiffré d'épinoches hier au soir !

GAILLARDINE

Asseyez-vous donc, que je vous interroge, puisque je vous vois réunies. Tout ce qui a été décidé le jour des Ombrelles, vous l'avez exécuté ?

LA PREMIÈRE

Moi, oui. D'abord, j'ai les aisselles plus embroussaillées qu'un taillis, comme convenu. Et, chaque fois que mon homme se trouvait sorti pour aller sur la Place, je me frottais d'huile tout le corps, et je me bronzais, plantée en plein soleil.

LA SECONDE

Moi aussi. Et pour commencer, j'ai jeté mon rasoir par la fenêtre, pour être couverte de poil partout, et n'avoir plus rien qui ressemble à ce qu'est une femme.

GAILLARDINE

Et les barbes, vous les avez ? Vous savez, c'était entendu qu'on en aurait toutes le jour du rassemblement ?

LA PREMIÈRE

Oui, pardianne[1] ! Et j'en ai une belle — regarde !

Elle brandit une énorme barbe postiche.

LA SECONDE, *même jeu.*

Et moi donc ! Plus belle qu'Épicrate[2], et de loin !

GAILLARDINE, *aux autres femmes.*

Et vous ? répondez !

LA PREMIÈRE

Elles font signe que oui.

GAILLARDINE

Bon. Pour le reste, je vois que vous avez fait ce qu'il fallait : vous avez des brodequins et des bâtons, et les manteaux d'homme, comme nous avions dit.

1. *Litt. : par Hécate !*, déesse lunaire, une des hypostases d'Artémis.
2. Homme politique qui contribua au renversement des Trente en – 403, puis remplit une mission diplomatique en Perse.

LA PREMIÈRE

Moi, j'ai emporté le gourdin de Logre[1] pendant qu'il dormait.

GAILLARDINE

Ah ! oui, je connais ça : à lui le gourdin — et la pétarade !

LA PREMIÈRE

Ah ! doux sauveur ! et il serait à son affaire comme pas un, sous la peau d'un Argus, pour tenir au piquet le pauv' monde[2] !

GAILLARDINE

Ce n'est pas tout ça, il faut voir à exécuter le reste du programme, pendant que les étoiles sont encore au ciel. L'Assemblée, on est parées pour s'y introduire, et elle va s'ouvrir dès l'aurore.

LA PREMIÈRE

Mais oui, sapristi ! allons-y : il faut que tu t'assures des places sous la tribune, juste en face des Commissaires.

1. *Litt. : de Lamios,* son mari. On nous dit que ce Lamios était geôlier. Mais son nom fait calembour avec la « Lamie », monstre croquemitaine et pétomane des chansons de nourrice. Le texte est incertain, et la réplique de Gaillardine est traduite au jugé. Mais il me paraît évident qu'elle fait allusion à cela, ainsi qu'au fait que péter et ronfler sont le signe du bon sommeil.

2. Allusion à Argus « qui voit tout » : il avait eu à garder la génisse Io. D'où l'emploi de βουκολεῖν, « garder les vaches », mais qui signifie aussi « empaumer, berner ».

LA SECONDE, *commençant à déballer un paquet qu'elle a sous le bras.*

Tenez, ma foi, voilà ce que j'ai apporté : de la laine à peigner pendant que l'Assemblée se remplira.

GAILLARDINE

... Qu'elle se remplira ? malheureuse !

LA SECONDE

Oui, pardienne ! pour sûr : pourquoi ça me gênerait-il pour écouter, de carder ma laine ? mes gosses n'ont rien à se mettre.

GAILLARDINE

Et voilà ! Peigner de la laine, alors que, ce qu'il faudrait, c'est ne pas laisser voir un coin de ta personne à tes voisins de séance ! Ah là là ! ça ferait du joli pour nous, s'il y en avait une qui attendait que tout soit bondé pour enjamber les bancs, en se troussant un peu plus haut, et faire voir son ratapoil[1] ! Mais si nous prenons place avant les autres, nous aurons arrangé les plis de nos manteaux avant qu'ils se soient doutés de rien. Et quand elles nous descendront sur le jabot, là-bas, les barbes dont nous allons nous affubler, qui est-ce qui, à nous voir, ne nous prendra pas pour des hommes ? Agyrrhios, en tout cas, maintenant qu'il porte la barbe à la Pronomos, on n'y voit que du feu ! Pourtant, dans le temps, ce n'était pas un homme ! Et à cette heure, voyez-vous, c'est un grand personnage dans l'État ! Et c'est à cause de ça

1. *Litt. : son « Phormisios »*, personnage hirsute et velu.

— puisse le jour qui vient nous accorder sa grâce ! —
que nous allons risquer un si grand coup d'audace.
Si nous pouvions prendre en main les affaires de l'État, de façon à leur donner une impulsion salutaire ? C'est un gros coup à tenter : tentons-le ! car pour le moment nous ne marchons ni à la voile ni à la rame !

LA PREMIÈRE

Quoi ? un essaim de femmes au cœur frêle,
parler au peuple ? et comment feront-elles ?

GAILLARDINE

Elles s'en tireront le mieux du monde, va ! chez les garçons, on dit que c'est toujours ceux qui se font le plus tromboner qui sont les plus beaux parleurs. Or c'est justement notre spécialité : une chance !

LA PREMIÈRE, *mal convaincue*.

Ma foi...
Mais l'inexpérience est un terrible écueil !

GAILLARDINE

Mais justement ! Si nous nous sommes réunies ici, c'est exprès pour répéter le rôle que nous aurons à tenir là-bas ! Tu ne ferais que bien de te dépêcher : équipe-toi de ta barbe, toi et toutes celles qui sont parées à jacasser !

LA SECONDE

Jacasser ? mais laquelle de nous ne s'y entend, mon coco ?

GAILLARDINE

Eh bien, équipe-toi, et sois un homme, vite[1] ! Moi, je vais poser ici les couronnes[2], et mettre aussi une barbe, avec vous, pour si je crois devoir prendre la parole.

LA SECONDE

Viens voir ici, Gaillardine, ma chérie !... Regarde, ma pauvre ! ce que c'est ridicule, ce machin-là !

GAILLARDINE

Comment, ridicule ?

LA SECONDE

Tu prends des seiches rissolées, tu leur colles une barbe : voilà notre portrait !

GAILLARDINE, *faisant fonction de président de séance.*

Purificateur ! à tes cass'rolettes[3] ! Passez ! Avancez dans l'enceinte ! Leclair[4], cesse de jacasser ! Assieds-toi, Passavant ! Qui demande la parole ?

1. Parodie narquoise d'un encouragement d'épopée ou de tragédie.

2. En donnant la parole à un orateur, on lui passait une couronne, qu'il portait durant sa harangue.

3. *Litt. : il faut faire circuler... la belette.* On utilisait en réalité comme victimes pour les rites de lustration des cochons de lait. Mais Gaillardine n'a pu mettre la main que sur la belette de la maison, bonne servante des ménagères puisqu'elle tenait le rôle de nos chats. Peut-être la substitution cache-t-elle aussi (pour une fois) une intention à la fois de pudeur et de gentillesse, si l'on songe aux emplois dérivés des mots χοῖρος, « cochon de lait », et γαλῆ, « belette ».

4. *Litt. : Ariphradès* et *Parion*, noms d'hommes. Nous lisons : κάθιζε, Παρίων.

LA SECONDE

Moi !

GAILLARDINE

Mets la couronne. Et le Ciel soit propice !

LA SECONDE

J'y suis.

GAILLARDINE

Tu peux parler.

LA SECONDE

Ben quoi ? faut que je parle avant de boire ?

GAILLARDINE

C'est ça ! Boire !!!

LA SECONDE

Mais alors, mon chou, à quoi bon mettre une couronne ?

GAILLARDINE

Oust ! déblaie ! Tu aurais fait la même chose là-bas[1] !

LA SECONDE

Ben quoi ? Ils ne boivent pas, à l'Assemblée ?

GAILLARDINE

C'est ça ! Tu te figures qu'ils boivent ?

1. Dans la véritable Assemblée, dont ce n'est ici que la répétition.

LA SECONDE

Oui, pardianne ! et du corsé ! En tout cas, leurs décisions, quand on y réfléchit, c'est comme s'ils étaient soûls : elles divaguent. Et puis, ils font des libations, parbleu ! Ou bien à quoi rimeraient tant de prières, si le vin n'était pas de la partie ? Et ils s'engueulent comme des pochards, et celui que le vin a mis hors de ses gonds, la police[1] l'embarque.

GAILLARDINE

Eh bien toi, va donc t'asseoir. Tu n'es bonne à rien.

LA SECONDE

Seigneur ! Mieux eût valu pour moi rester sans... barbe[2] !
Je vais sécher de soif, à ce que je vois !

GAILLARDINE

Une autre demande-t-elle la parole ?

LA PREMIÈRE

Moi.

GAILLARDINE

Bien. Mets-toi la couronne, l'affaire presse. Allons, tâche de bien parler, comme un homme, dans la bonne attitude, en prenant appui sur ton bâton.

1. *Litt. : les archers*, chargés du maintien de l'ordre.
2. Parodie d'imprécation tragique pour « n'avoir point vu le jour ! » (jeu de mots entre γενειᾶν et γενέσθαι).

LA PREMIÈRE

J'aurais souhaité qu'un autre que moi, un des habitués de cette tribune, vînt, en développant les vues les plus judicieuses, me permettre de rester à ma place sans intervenir. Mais je ne puis tolérer — du moins est-ce mon avis personnel — que les cabaretiers fassent chez eux des réserves d'eau. Non, je le jure sur la tête de mon mari[1]...

GAILLARDINE

De ton mari ! Malheureuse ! Où as-tu la tienne ?

LA PREMIÈRE

Ben quoi ? Je n'ai pas demandé à boire, moi !

GAILLARDINE

Non, bien sûr, mais tu es un homme, et tu as juré sur la tête de ton mari ! À part ça, tu avais très bien tourné ton propos.

LA PREMIÈRE, *s'apercevant de son étourderie.*

Oh ! mon dieu !

GAILLARDINE

Suffit ! Telle que tu me vois, je ne mettrai pas un pied devant l'autre pour me rendre en séance, tant que tout ça ne sera pas parfaitement au point.

LA PREMIÈRE

Rends-moi la couronne, je vais recommencer. Cette fois, je crois que je suis parée à toute épreuve. *(Reprenant sa*

1. *Litt. : par les deux Déesses,* formule de serment ou de juron dont usaient seulement les femmes.

harangue.) À mon avis, l'assemblée que vous formez, Mesdames...

GAILLARDINE

Encore ! Mesdames !... et c'est à des hommes que tu parles !

LA PREMIÈRE, *montrant un des spectateurs sur les gradins.*

C'est la faute à Épigonos, là-bas ! J'ai regardé de son côté : je croyais parler à des femmes !

GAILLARDINE

Tire-toi de là aussi, et va t'asseoir là-bas ! Avec votre permission, je décide que c'est moi-même qui mettrai la couronne et qui parlerai.

Prenant le ton d'un discours solennel.

Je supplie les dieux d'accorder à nos délibérations des suites salutaires ! Moi, qui ai place à part entière, tout comme vous, dans la communauté de ce pays, je suis ulcéré, accablé de notre conduite politique ! Elle est gangrenée. Je constate qu'elle donne les leviers de commande à des malfaisants. S'il y en a un qui se comporte bien pendant un jour, pendant dix jours il entasse les méfaits. On passe les responsabilités à un autre ? il fera encore bien pire ! Ah ! ce n'est pas facile de chapitrer des hommes aussi contrariants que vous ! Ceux qui sont pleins de bon vouloir à votre égard, vous les redoutez ; et ceux qui ne vous veulent pas de bien, à tout coup vous êtes à leurs genoux. L'Assemblée ? Il fut un temps où nous la désertions totalement, mais du moins nous étions d'accord sur la canaillerie d'Agyrrhios[1] ! À présent, nous y venons ; mais celui qui touche l'allocation le porte aux nues, tandis que celui qui ne la touche pas crie : À mort les profiteurs d'Assemblée qui font la chasse aux allocations !

LA PREMIÈRE

Bravo, ma belle[2] ! Ça, c'est bien envoyé !

GAILLARDINE

Malheureuse ! Tu as crié : « ma belle ! » Tu aurais fait du joli si tu avais dit ça dans l'Assemblée !

LA PREMIÈRE

Mais je ne l'aurais pas dit !

GAILLARDINE

Alors, commence tout de suite à ne pas t'y habituer. *(Reprenant.)* Autre chose : cette histoire d'alliance ! Quand elle était en débat, on prétendait que si elle ne se faisait pas, l'État était perdu. Et une fois faite, elle devenait détestable ; et l'orateur qui avait fait prendre la décision, ça n'a pas tardé : il a dû gagner le large et disparaître ! La flotte doit-elle prendre la mer ? le prolétaire est d'avis que oui, les riches et les paysans sont d'avis que non. Vous détestiez les gens de Corinthe, et eux de même pour vous, mais maintenant c'est des gens très bien : à vous de vous conduire bien, maintenant, avec eux ! L'Argien n'est qu'une buse, Hieronymos, lui, est sage. Le salut s'est profilé à l'horizon…

1. Devant la carence des Athéniens, qui se désintéressaient des débats politiques, Agyrrhios avait fait accorder une allocation de trois oboles à tout citoyen pour chaque séance à laquelle il assisterait.
2. *Litt. : par Aphrodite !,* juron féminin.

mais Thrasybule est furieux qu'on n'ait pas recours à lui personnellement[1].

LA PREMIÈRE

Ce qu'il est malin, cet homme-là !

GAILLARDINE

Cette fois, l'éloge est correct. *(Reprenant.)* Et de tout ça, c'est vous autres, peuple d'Athènes, qui êtes responsables. Vous drainez les fonds publics pour vos allocations, et vous n'avez d'yeux, chacun, que pour votre profit particulier. Et l'État, lui, il chaloupe comme un chien boiteux[2]. Mais si vous m'en croyez, vous vous en tirerez encore : c'est aux mains des femmes, vous m'entendez, qu'il nous faut confier l'État. Après tout, c'est bien à elles que nous donnons l'emploi, dans nos ménages, d'avoir la haute main sur la gestion !

TOUTES

Bravo ! bravo, ma foi ! bravo ! Vas-y ! vas-y ! tu es un as !

GAILLARDINE

Elles savent mieux se conduire que nous, et je vais le prouver. Pour commencer, elles essorent leurs laines à l'eau tiède, selon l'antique usage, toutes, tant qu'elles sont. On ne les voit pas risquer des innovations. Et ce qu'il pourrait y avoir qui marche bien à Athènes, ne serait-ce pas le salut pour la Cité que de ne pas s'évertuer à fabriquer de l'inédit

1. Ces deux vers, dont la signification de détail est controversée (Ἀργεῖος, « l'Argien », est peut-être un nom propre, Argeios), font allusion à des négociations diplomatiques récentes. Thrasybule, homme politique de premier plan, qui avait renversé la tyrannie des Trente, avait été supplanté par Agyrrhios dans la faveur populaire.

2. *Litt. : comme Æsimos*, personnage inconnu.

pour le changer ? Elles s'accroupissent devant leur gril, comme dans le temps ; elles portent les fardeaux sur la tête, comme dans le temps ; elles célèbrent les Thesmophories, comme dans le temps ; elles font cuire leurs gâteaux, comme dans le temps ; elles font la vie intenable à leurs maris, comme dans le temps ; elles ont des amants chez elles, comme dans le temps ; elles s'achètent des friandises en cachette, comme dans le temps ; elles aiment le vin bien corsé, comme dans le temps ; elles ont plaisir à se faire tisonner, comme dans le temps. Allons, Messieurs, remettons l'État entre leurs mains à elles ; inutile de palabrer et de nous demander ce qu'elles vont faire : laissons-leur tout bonnement le pouvoir. Songeons seulement qu'elles ont des fils, et que, primo, leur grand désir sera de ménager la vie de nos soldats ; secundo, pour les vivres, qui mieux qu'une mère de famille en hâterait l'acheminement ? Pour faire venir l'argent, il n'y a pas plus ingénieux qu'une femme : si elle est au pouvoir elle ne se laissera jamais flouer (c'est elles plutôt qui s'y connaissent pour flouer les autres !). Je n'en dirai pas plus. Si vous suivez l'avis que je vous donne, quelle heureuse existence vous aller couler !

LA PREMIÈRE

Bravo, Gaillardine, ma cocotte en sucre ! Quelle maîtrise ! Où donc as-tu appris, pauvre chérie, à parler comme ça si bien ?

GAILLARDINE

Au temps de l'exode[1], j'ai habité la Pnyx avec mon homme ; alors j'entendais les orateurs : ça m'a formée !

1. Allusion probable aux dernières années de la guerre du Péloponnèse, où l'invasion spartiate avait fait refluer en ville les habitants de l'Attique.

LA PREMIÈRE

Pas étonnant alors, mon chou, que tu sois si capable et savante ! Oui, nous te choisissons d'ores et déjà, nous les femmes, pour le commandement, si tu réussis ce que tu as en tête ! Mais voyons, suppose que Céphalos[1] ait la fichue idée de s'en prendre à toi et de fulminer, comment lui riposteras-tu dans l'Assemblée ?

GAILLARDINE

Je dirai qu'il a le cerveau fêlé.

LA PREMIÈRE

Non : ça, tout le monde le sait.

GAILLARDINE

Alors, la malerage.

LA PREMIÈRE

Ça aussi, c'est connu !

GAILLARDINE

Alors, qu'en fait de tripatouillages, il n'entend rien à ceux de la céramique, mais pour ceux de la politique il est de première force.

LA PREMIÈRE

Et puis ? Si c'est Néoclidès[2]-N'y-voit-goutte qui fulmine contre toi ?

1. Démagogue violent, potier de son métier.
2. *Litt. : le chassieux*. Autre politicien que ses yeux malades n'empêchaient pas, d'après Aristophane, d'être un insigne voleur.

GAILLARDINE

Je lui dirai : « Va coller ton œil au cul d'un chien[1] ! »

LA PREMIÈRE

Et si tu te fais assaillir ?

GAILLARDINE

Va pour la saillie ! Saillies en tout genre, j'ai l'expérience[2] !

LA PREMIÈRE

Encore un cas à envisager : si les sergents veulent te vider, qu'est-ce que tu feras ?

GAILLARDINE, *mettant les poings sur ses hanches.*

J'écarterai les coudes, comme ça ! Pas moyen de me ceinturer !

LA PREMIÈRE

Et nous, s'ils veulent t'empoigner, on leur dira : Bas les pattes !

LA SECONDE

Soit, notre plan est au point, ça va bien. Mais il y a un détail auquel on n'a pas réfléchi : ça sera les mains qu'il faudra lever en l'air, tout à l'heure ; comment faire pour y penser ? Notre habitude, c'est plutôt les jambes en l'air !

1. Formule proverbiale d'insolente dérision.
2. Équivoque gaillarde.

GAILLARDINE

C'est une difficulté. N'empêche qu'il faudra voter à main levée, en nous découvrant un bras jusqu'à l'épaule. *(Chassant ce souci.)* Allons, relevez vos tuniques, enfilez vos souliers, en vitesse, comme vous voyez faire à votre homme chaque fois qu'il va partir pour l'Assemblée ou pour prendre l'air. Et puis quand tout ça sera fait comme il faut, mettez vos barbes. Et quand vous les aurez bien soigneusement ajustées, drapez-vous dans les manteaux d'homme que vous avez chapardés ; et puis, en route ! appuyées sur vos bâtons, en chantant un refrain de grand-papa, à la campagnarde !

LA PREMIÈRE

C'est ça ! Mais nous, prenons les devants. Car il y a d'autres femmes, je pense, qui seront venues directement de la campagne au lieu de l'Assemblée.

GAILLARDINE

Allons, pressez-vous ! Vous connaissez les usages, là-bas : ceux qui ne sont pas présents sur les lieux dès l'aube n'ont qu'à se débiner sans avoir touché un clou[1].

Gaillardine et les deux femmes, qui sont déjà prêtes, sortent. Les autres femmes se déguisent rapidement et se mettent en ordre de marche.

1. Depuis qu'on distribue trois oboles à tout citoyen qui vient à l'Assemblée, on fait littéralement la queue pour y entrer, et il faut disperser ceux qui sont en surnombre : on se sert pour cela de la corde enduite de peinture rouge qui servait autrefois à drainer, au contraire, les gens vers la séance. À plus forte raison exclut-on les retardataires.

LE CORYPHÉE

C'est le moment, Messieurs ! En avant, marche !
Il faut nous souvenir toujours de ce « Messieurs »,
Mesdames, le dire et le redire et ne pas l'oublier !
Le péril n'est pas mince, en cas qu'on nous démasque,
d'endosser ténébreusement
les risques d'un pareil dessein !

[Strophe] LE DEMI-CHŒUR DES CITADINES

En marche, citoyens ! Allons à l'Assemblée
Le magistrat a menacé quiconque
ne se présenterait dès la prime pénombre,
tôt, architôt, tout couvert de poussière,
l'œil à la ravigote,
et rendu guilleret par un bon aïoli,
de se voir refuser de passer à la caisse !
Allons, pressons, Beauluron, Petitot,
Belœil[1]*, suivez ! Et prenez garde à vous :*
Soyez, sans fausse note, à la hauteur du rôle !
Et puis, une fois touchés nos jetons,
groupons-nous sur les bancs, et votons haut la main
tout ce que dicteront nos compagnes... Pardon,
nous aurions dû dire : nos compagnons.

[Antistrophe] LE DEMI-CHŒUR
DES CAMPAGNARDES, *entrant en face.*

Il faut, pensons-y bien, refouler les intrus,
ces citadins ! C'étaient eux, dans le temps,
quand il fallait venir pour toucher trois fois moins,

1. *Litt. : Charitimidès, Smicythos, Dracès*, noms d'hommes.

qui bavardaient en tenant leurs assises
sur le Marché aux fleurs[1] *!*
Jadis, quand on avait des chefs de bonne race[2]*,*
nul n'aurait eu le front de prétendre gérer
à prix d'argent les intérêts d'État.
Chacun venait, apportant de quoi boire
dans une gourde, avec un quignon de pain sec
et deux oignons, et trois ou quatre olives...
Ce qu'on vise à présent ? toucher la triple paie
quand on vient s'occuper des affaires publiques,
comme des goujats, gâcheurs de mortier !

Le Chœur sort. Miravoine se précipite hors de chez lui, en proie à une grande agitation, enveloppé tant bien que mal dans une robe de femme.

MIRAVOINE

En voilà une affaire ! Où diantre a bien pu filer ma femme ? Voilà le jour qui va se lever, et elle a disparu ! Et moi, dans mon lit, une colique m'a pris ; pendant un grand moment j'ai essayé d'attraper mes chaussures dans le noir, et mon manteau... J'avais beau tâtonner, pas moyen de les trouver ! Et le père Crottambide[3], là-dedans *(il se frotte le ventre frénétiquement)*, qui se met à tambouriner sans arrêt à la porte de derrière ! Alors je prends le châle de ma femme, vous voyez, et je traîne aux pieds ses sandalettes... Voyons, voyons, où trouver place nette, pour poser

1. *Litt. : le marché aux couronnes*, dont il était fait grande consommation pour les cérémonies et les réjouissances.
2. *Litt. : quand Myronidès, le noble cœur, était archonte*, trois quarts de siècle plus tôt.
3. *Litt. : le Copréien*, Copros (« Crotte ») était un bourg de l'Attique.

ma crotte ?... Bah ! la nuit, ça va bien m'importe où : à l'heure qu'il est, personne ne me verra faire !

Ah ! quel malheur d'avoir, au déclin de mes ans, pris femme ! Je mérite les cent coups ! Car enfin qu'est-ce qu'elle est allée faire dehors ? rien de bon !... Allons, faut quand même que je pose mon paquet !

Il se met en position. La fenêtre de la maison voisine s'ouvre, un homme s'y penche.

LE VOISIN

Qui va là ? Ça ne serait pas, des fois, Miravoine, mon voisin voisinant ? Parbleu, c'est lui-même en personne ! Dis-moi, te voilà habillé en caca d'oie ? C'est-y que Cinésias t'a trempé dans sa méchante teinture ?

MIRAVOINE, *sans se relever.*

De quoi ? Non ! C'est à ma femme. Pour sortir je me suis drapé dans le caraco qu'elle se met.

LE VOISIN

Et ton manteau, où est-ce qu'il est ?

MIRAVOINE

Je voudrais bien le savoir ! J'ai eu beau fourrager dans les couvertures, je ne l'ai pas trouvé.

LE VOISIN

Et alors ? Tu n'as pas demandé à ta femme de t'éclaircir la chose ?

MIRAVOINE

Eh ! non, sacrebleu ! Elle n'est pas à la maison ! Elle s'est esbignée en tapinois : maison vide !

et je redoute fort quelque acte subversif...

LE VOISIN

Ah ben, Mer alors ! C'est tout juste comme à moi itou ! Ma digne moitié a filé avec le manteau que je mettais ces temps-ci ! Et s'il n'y avait que ça pour me tracasser ! mais il y a mes chaussures : je n'ai pas pu mettre la main dessus, nulle part.

MIRAVOINE

Vin-dieu ! Moi non plus sur mes spartiates ! Il m'est venu la colique, j'ai fourré mes deux pieds dans ses mules, et hop !... je ne voulais pas embrener la literie : elle était toute propre.

LE VOISIN

Qu'est-ce qui a pu se passer ? C'est peut-être une de ses amies qui l'a invitée à déjeuner ?

MIRAVOINE

Je pense que oui. Ce n'est pas une mauvaise femme, autant que je peux savoir.

LE VOISIN

Mais dis donc, c'est un câble que tu chies là ? Quant à moi, il est l'heure d'aller à l'Assemblée, si je peux mettre la main sur mon manteau — c'est le seul que j'avais !

MIRAVOINE

Moi aussi, quand je me serai débarrassé. Mais pour le

moment j'ai une noix de coco dans le goulot[1] : blocus alimentaire.

LE VOISIN

Celui dont parlait Thrasybule pour les Lacédémoniens ?

MIRAVOINE

Vin-dieu ! en tout cas je suis coincé à bloc. *(Le voisin referme sa fenêtre.)* Qu'est-ce que je vais faire ? Ça suffirait déjà comme tracas, mais j'en ai un autre : quand j'aurai mangé, quel chemin prendra ma prochaine crotte ? À cette heure, il a cadenassé la porte, ce coco-là, le citoyen Bloc-Moncul !... Qui donc voudrait m'aller quérir un médecin ?... mais lequel ? Qui est spécialiste en ces matières ? Fécalculons un peu... Ah ! je sais : Amynon. Mais il va peut-être bien s'en défendre... Qu'on m'appelle Antisthène, il me le faut à tout prix ; il n'y a qu'à l'entendre geindre : c'est un type qui sait tout ce que réclame un boyau culier quand il est dans les douleurs ! Ô Dame de Délivrance[2], daigne m'exaucer ! Je suis dilacéré, je suis barricadé, ne me laisse pas devenir un ustensile merdeux à faire bidonner le public !

Entre Crachignol, venant du dehors.

1. *Litt. : une poire sauvage*. On s'est livré, depuis l'Antiquité, à des élucubrations saugrenues autour de l'effet constipant de ce fruit, et de l'excuse qu'aurait trouvée là Thrasybule pour se dire malade et ne pas prendre position dans un débat sur la politique à mener envers Sparte. Le plus simple est de prendre ἀχράς, « poire sauvage », comme un substitut pittoresque de « bouchon », et de penser que Thrasybule avait employé ce mot pour dire qu'on couperait à Sparte ses voies d'approvisionnement.
2. *Litt. : Ilithye*, invoquée pour les femmes en couches.

CRACHIGNOL

Dis donc, toi, qu'est-ce que tu es en train de faire ? de chier, ma parole ?

MIRAVOINE

Moi ? Que non ! c'est fini, ma foi : tu vois, je me relève.

CRACHIGNOL

Et tu as endossé la robe de ta femme ?

MIRAVOINE

Il faisait nuit noire là-dedans : c'est ça qui m'est tombé sous la main. Mais toi, pour de bon, d'où viens-tu ?

CRACHIGNOL

De l'Assemblée.

MIRAVOINE

La séance est déjà levée ? Ma foi, elle n'a pas fait la grasse matinée !

CRACHIGNOL

Même qu'on a bien rigolé, bonté divine, à voir les gens se faire zébrer de rouge tout à la ronde !

MIRAVOINE

Mais la paie, tu l'as bien touchée ?

CRACHIGNOL

Ah ! si seulement... Mais aujourd'hui je suis arrivé trop tard. D'ailleurs, sacrebleu, je n'ai à en rougir devant personne — sauf devant mon cabas à provisions !

MIRAVOINE

Et comment ça s'est-il fait ?

CRACHIGNOL

Il y avait une cohue formidable ; on n'a jamais vu une pareille foule de gens venir à la Pnyx. Et ma foi, à les voir, ils nous faisaient tous l'effet de sortir d'une cave : à n'en pas croire ses yeux, cette assemblée,
le teint de lait qu'avait cet essaim de visages.
Bref, je n'ai rien touché, ni moi, ni un tas d'autres.

MIRAVOINE

Alors, moi non plus je ne toucherais pas si j'y allais maintenant ?

CRACHIGNOL

Pas de danger. Et même si tu y étais allé dès le second chant du coq, ma foi !

MIRAVOINE, *pathétique*.

Hélas ! pleure Antiloque,
mon malheur ! et, plutôt que ta défunte paie,
plains ce pauvre vivant pour qui tout est perdu[1] !
Mais quelle était donc l'affaire qui a réuni une telle masse de monde, comme ça si tôt ?

CRACHIGNOL

Qu'est-ce que tu veux que ce soit ? Les Commissaires avaient mis à l'ordre du jour un débat sur la sauvegarde de

1. Parodie des *Myrmidons*, d'Eschyle.

l'État. Alors, d'emblée, Néoclidès-N'y-voit-goutte a pris les devants en se trimbalant vers la tribune. Et alors, le peuple de brailler, tu entends ça d'ici : « C'est un peu fort que ce type-là ait le toupet de nous haranguer, surtout sur la sauvegarde de l'État, lui qui n'a même pas pu sauvegarder ses quinquets ! » À son tour à lui de brailler en tournant les yeux à la ronde : « Qu'est-ce que je dois faire ? »

MIRAVOINE

« Broyer de l'ail avec du lait de figuier, y amalgamer du suc d'euphorbe — de la vésicante[1] ! — et s'en frotter les paupières le soir. » Voilà ce que je lui aurais dit, moi, si j'avais été là.

CRACHIGNOL

Après lui s'est avancé Vie-en-or[2], le finaud : il n'avait rien sur la peau, du moins, c'était l'impression générale, mais lui, il prétendait avoir bel et bien un manteau. Et alors, il a prononcé des paroles hautement démocratiques : « Vous voyez qu'en fait de sauvegarde, j'ai besoin moi-même d'une subvention pour me mettre à couvert. Mais, ça ne fait rien, je vais vous dire comment mettre à couvert le sort de l'État et des citoyens : que les marchands de tissu fournissent à ceux qui en ont besoin des lainages dès que le soleil va vers l'hiver, et plus personne de nous n'attrapera jamais de pleurésie. Que tous ceux qui n'ont ni lit ni couvertures s'en aillent, après le rince-doigts, dormir chez les pelletiers ; et

1. *Litt. : de celle de Laconie*. Un onguent si corrosif devait faire souffrir cruellement le malade, même s'il était censé avoir de bons effets par la suite.

2. *Litt. : Euaïôn* ou *Evéon*, nom d'homme qui a ce sens, et qui a tout l'air d'un sobriquet ironique infligé à un pauvre diable — dont le vêtement a tellement de trous qu'il est devenu *invisible*...

s'il y en a un qui leur ferme sa porte en hiver, il paiera trois peaux de mouton d'amende ! »

MIRAVOINE

Vin-dieu ! Excellente idée ! Et il aurait pu ajouter, sans que personne lève le doigt là-contre : « Les trafiquants de farine fourniront trois litrons aux indigents pour leur dîner, ou bien il leur en cuira ! » C'est au moins ça de bon qu'ils auraient tiré de Nausicydès[1] !

CRACHIGNOL

Là-dessus, voilà qu'un jeune homme fort avenant[2], au teint clair (il ressemblait à Nicias), a bondi pour haranguer le peuple. Il s'est mis en devoir de montrer qu'il faut confier l'État aux femmes ! Et alors, tumultueuses acclamations du bataillon des endives, et chez les campagnards[3], brouhaha de protestations.

MIRAVOINE

En quoi ils montraient leur bon sens, parbleu !

CRACHIGNOL

Mais ils étaient en minorité. Et le gars leur tenait tête, à pleine voix, en disant beaucoup de bien des femmes, et beaucoup de mal de toi.

MIRAVOINE, *sursautant.*

Et qu'est-ce qu'il a dit ?

1. Riche commerçant en grains et farines.
2. Il s'agit de Gaillardine.
3. Les assistants au teint hâlé, qui sont les hommes, mais que, par opposition aux « visages pâles » des femmes qu'il prend pour des citadins, Crachignol pense être des paysans.

CRACHIGNOL

D'abord, il a dit que tu es un chenapan...

MIRAVOINE

Et toi ?

CRACHIGNOL

Attends un peu. Et puis un filou...

MIRAVOINE

Moi tout seul ?

CRACHIGNOL

Et un mouchard, ma foi !

MIRAVOINE

Moi tout seul ?

CRACHIGNOL

Toi *(montrant le public)* et tout le monde qui est là, ma foi !

MIRAVOINE

Ah ! pour ceux-là, qui dit le contraire ?

CRACHIGNOL

Mais la femme, il disait que c'est du concentré de bon sens, ça sait faire venir l'argent ! Et qu'elles ne vont pas déballer à tous les coins de rue les secrets des Thesmophories, tandis que toi et moi, c'est ce que nous faisons à tous les coups quand nous avons siégé au Conseil.

MIRAVOINE

Fichtre ! là-dessus il n'a pas menti.

CRACHIGNOL

Et puis, qu'elles se prêtent entre elles robes, bijoux, argent, vaisselle, et seules à seules, pas devant témoins, et qu'elles rendent tout, sans rien garder par-devers elles, comme nous faisons presque tous, qu'il disait, lui.

MIRAVOINE

C'est bigrement vrai — et même quand il y avait des témoins !

CRACHIGNOL

Qu'elles ne font ni marchandages, ni procès, ni menées subversives... Bref, il chantait leurs louanges sur tous les tons, et il trouvait encore mille autres raisons de vanter le mérite des femmes.

MIRAVOINE

Et qu'est-ce qu'on a décidé ?

CRACHIGNOL

Eh bien, de s'en remettre à elles du soin des affaires : on reconnaissait que c'était la seule chose qui n'avait encore jamais eu cours dans cette ville.

MIRAVOINE

Alors, c'est décidé ?

CRACHIGNOL

Comme je te le dis.

MIRAVOINE

Oui ? On les a chargées de tout ce qui incombait aux citoyens ?

CRACHIGNOL

Tout juste.

MIRAVOINE

Alors je n'irai plus au tribunal ? Ça sera ma femme ?

CRACHIGNOL

Et ce n'est plus toi qui nourriras ta maisonnée, ça sera ta femme.

MIRAVOINE

Et je n'aurai plus à ronchonner de voir le jour se lever ?

CRACHIGNOL

Ma foi non : c'est l'affaire des femmes dorénavant. Au lieu de ronchonner, tu pourras trompeter du cul[1] en faisant la grasse matinée.

MIRAVOINE

Il y a un point noir, pour les gens de notre âge : quand elles auront pris les rênes de l'État, elles risquent de nous requérir, par voie de contrainte…

1. Péter à son aise le matin dans son lit est une des images de la félicité.

CRACHIGNOL

De quoi faire ?

MIRAVOINE

De les sauter — et en cas de carence de notre part, de nous priver de dîner.

CRACHIGNOL

Eh bien, sacrebleu, débrouille-toi pour la sauter au lit, comme ça tu ne la sauteras pas à table !

MIRAVOINE

Faire ça contraint et forcé, quelle corvée !

CRACHIGNOL

Mais si c'est l'intérêt de l'État, tout homme est tenu de s'exécuter. Et puis, il y a une maxime qui nous vient de nos aïeux : inepties ou folies, tout ce que nous décidons tourne toujours à notre avantage.

MIRAVOINE, *solennel.*

Ainsi soit-il, avec la grâce toute-puissante de Pallas et des dieux !

CRACHIGNOL

Allons, je m'en vais. Porte-toi bien.

MIRAVOINE

Et toi de même, Crachignol !

Crachignol s'éloigne, Miravoine rentre chez lui. Le Chœur des femmes revient ; elles sont déguisées en hommes.

LE CHŒUR

En avant marche, un' deux ! Ces Messieurs
ont-ils mis l'un d'entre eux mes amies,
à la queue parmi nous ? Tournez-vous !
Ouvrez z-yeux ! Gardez-vous bel et bien !
les vauriens sont partout ! J'ai bien peur
qu'un espion ne repère, d'aventure,
par-derrière quelle allure nous avons !

[Strophe]

Allons, martelons
en cadence notre pas,
aussi fort que nous pouvons !
Quelle honte pour nous toutes
ce serait devant nos hommes,
s'ils venaient à découvrir
le pot aux roses !
Ainsi, drapons-nous serré,
inspectons les alentours
et scrutons de tous côtés
sur la droite et sur la gauche,
pour éviter que la chose
ne tourne à la catastrophe !
Mais pressons le mouvement :
nous voici près des lieux d'où
nous nous sommes ébranlées
vers l'Assemblée !
Vous pouvez voir la maison
de celle à qui nous devons
cette réforme que viennent
d'adopter les citoyens :
notre Commandante !

[Antistrophe]

Aussi, par ici
vaut-il mieux ne pas traîner
ni nous attarder longtemps
avec barbes aux mentons :
On pourrait être aperçues
par quelqu'un qui s'en irait
nous dénoncer !
Allons, hop ! venez ici,
à l'ombre de ce muret —
l'œil en coulisse... et le bon !
Changez-vous, redevenez
les femmes que vous étiez.
Dépêchez ! elle s'avance,
revenant devant nos yeux
au sortir de l'Assemblée,
notre Commandante ! Allons,
dépêchez-vous,
envoyez paître, vous toutes,
le maudit bouc qui vous pend
au menton ! Depuis le temps
vos joues souffrent de porter
ce machin barbare !

Elles ôtent leurs barbes. Gaillardine s'avance, avec une petite escorte féminine.

GAILLARDINE

Le tour est joué, Mesdames ! Nous avons eu de la chance, et l'issue des événements est conforme à nos plans. Mais à présent, à toute vitesse, défaites-vous des manteaux, dépêtrez-vous des godillots, *(à une femme, en lui montrant les courroies des spartiates)*

de ce harnais de Sparte, ôte les brides, toi[1] !

Jetez vos bâtons !... *(Au Coryphée.)* Mais non, à toi de leur faire rectifier leur tenue. Moi je veux me faufiler à l'intérieur, avant que mon mari me voie, et remettre son manteau où je l'ai pris, et tout ce que j'ai emporté d'autre.

Les femmes se débarrassent en hâte.

LE CORYPHÉE

Tu vois, tout est déposé, tes ordres sont exécutés. À toi de nous donner tes autres instructions : qu'est-ce que nous devons faire, à ton idée, pour être utiles ? Nous t'obéirons sans faute : jamais je n'ai rencontré plus maîtresse femme que toi, je sais bien !

GAILLARDINE

Eh bien, attendez-moi, pour que, dans l'exercice des pouvoirs qui viennent de m'être conférés, je puisse profiter de vos conseils : là-bas, dans le tumulte et les périls, vous vous êtes vraiment conduites... en hommes !

Elle va pour rentrer chez elle. Miravoine paraît sur la porte.

MIRAVOINE

Dis donc, toi, d'où viens-tu, Gaillardine ?

1. Parodie d'un vers noble, où un héros donnait des ordres à son écuyer.

GAILLARDINE

Qu'est-ce que ça peut te faire, mon bon ?

MIRAVOINE

Ce que ça peut me faire ? Sainte-nitouche !...

GAILLARDINE, *prenant les devants.*

Tu ne vas pas dire que je sors de chez un amant ?

MIRAVOINE

Et peut-être pas de chez un seul !

GAILLARDINE

Tu as un moyen de preuve à ta disposition.

MIRAVOINE

Lequel ?

GAILLARDINE

Sens si mes cheveux sont parfumés.

MIRAVOINE

Hein ? comme si une femme ne pouvait pas se passer de parfum pour se faire f...

GAILLARDINE, *l'interrompant,*
très « grande dame ».

Moi, en tout cas, jamais, mon pauvre ami !

MIRAVOINE

Alors pourquoi es-tu partie à la sauvette, avant l'aube, en me prenant mon manteau ?

GAILLARDINE

C'est une femme qui m'a fait appeler cette nuit, une amie très chère ; les douleurs l'avaient prise.

MIRAVOINE

Et alors ? tu ne pouvais pas m'expliquer, avant de filer ?

GAILLARDINE, *pathétique*.

Sans me soucier d'elle, en mal d'enfant comme elle était ? y songes-tu, mon homme ?

MIRAVOINE

Tu n'avais qu'un mot à dire. Il y a quelque chose de louche là-dedans.

GAILLARDINE

Ah, Dames ! non ! Je suis partie comme j'étais ! Celle qui m'a fait la commission me suppliait de la suivre dehors à tout prix.

MIRAVOINE

Et alors ? Tu n'aurais pas pu mettre ton manteau à toi ? Tu emportes ma pelure, tu me jettes ton caraco, et te voilà partie en me laissant comme un macchabée : il ne te manquait plus que de disposer une couronne et un vase funéraires !

GAILLARDINE

Il faisait froid ; je suis toute fluette et fragile... Alors pour me tenir chaud, c'est comme ça que je me suis emmitouflée. Toi, je t'ai laissé couché bien au chaud sous les couvertures, mon homme !

MIRAVOINE

Et mes souliers que tu as embarqués, pourquoi ça ? et mon bâton ?

GAILLARDINE

C'est pour protéger ton manteau[1] que j'ai pris tes souliers : je t'imitais en tapant des pieds et en cognant du bâton sur les cailloux.

MIRAVOINE

Sais-tu que tu m'as fait perdre un demi-boisseau de farine[2], que j'aurais gagné à l'Assemblée ?

GAILLARDINE

Ne te tracasse pas : elle a eu un gros garçon.

MIRAVOINE

L'Assemblée ?

1. Contre les rôdeurs qui détroussent les noctambules : elle prétend avoir voulu les intimider.
2. *Litt. : un hecteus* (un peu moins d'un décalitre), qu'il aurait pu acheter avec les trois oboles d'indemnité de séance.

GAILLARDINE

Mais non, parbleu ! l'amie chez qui je suis allée. Alors, il y a eu séance ?

MIRAVOINE

Mais oui, parbleu ! Tu ne savais pas ? Je te l'avais dit hier.

GAILLARDINE

Ah oui, maintenant je me le rappelle.

MIRAVOINE

Et tu ne sais pas non plus ce qu'on a décidé ?

GAILLARDINE

Moi ? non parbleu !

MIRAVOINE, *d'un ton supérieur.*

Va, tu n'es bonne qu'à rester dans ton coin en grignotant des amuse-bouche[1] ! Et pourtant c'est à vos soins, paraît-il, que la ville est confiée.

GAILLARDINE

Pour quoi faire ? pour tisser ?

MIRAVOINE

Non pas certes ! pour gouverner.

1. *Litt. : reste tranquille en grignotant des seiches*. Il y a sûrement là une expression proverbiale. Dès l'Antiquité on interprétait : Tu vas « vivre tranquille comme un coq en pâte ». Mais ce sens est tout à fait hors de propos : ce sont les hommes qui se tourneront les pouces. Je pense donc qu'il s'agit d'un trait burlesque de vanité masculine. Il dit à son épouse : « Tu n'entends rien à la politique ! » Il tombe bien !...

GAILLARDINE

Gouverner quoi ?

MIRAVOINE

Toute l'administration de la cité, tout, architout.

Arrive Crachignol, qui s'approche sans prendre part tout de suite à la conversation.

GAILLARDINE

Ah ! vivent les amours ! quel avenir de félicité s'ouvre pour Athènes !

MIRAVOINE

Comment ça ?

GAILLARDINE

Pour des tas de raisons : les gens sans vergogne ne seront plus en situation de la bafouer dorénavant, ni de se porter témoins[1], de se faire délateurs...

MIRAVOINE

Ah ! non, ne fais pas ça, pour l'amour du Ciel ! Ne m'ôte pas le pain de la bouche !

CRACHIGNOL

Hé, sacré bonhomme, laisse parler ta femme !

GAILLARDINE

... ni détrousseurs, ni d'être jaloux du voisin, ni de n'avoir

1. Une allusion de plus à la maladie processive des Athéniens.

rien à se mettre — des pauvres, il n'y en aura plus ! —, ni d'injurier quelqu'un ni de le traîner en prison pour prêt sur gage.

CRACHIGNOL

Ventrebleu ! c'est grandiose ça, si seulement ça se vérifie !

GAILLARDINE

Eh bien, je vais exposer la chose, et si bien que tu me rendras témoignage, et que *(montrant Miravoine)* même lui, il ne trouvera pas à me contredire.

LE CHŒUR

C'est le moment
de battre le rappel de tes esprits subtils :
Que la sagacité de ta riche cervelle
sache défendre tes amies !
C'est à notre commun bonheur
que va l'ingénieuse idée
que tu as eue : elle auréolera
de maints et maints bienfaits l'existence du peuple
dont tu es citoyenne.
Fais voir, c'est le moment, les effets qu'elle aura !
Car l'état de notre cité
requiert une initiative
qui soit habile, et inventive.
Prends garde seulement, pour venir à tes fins,
de ne reprendre rien
ni de ce qui s'est fait, ni de ce qui s'est dit
par le passé :
le réchauffé, le ressassé
le public a horreur de ça !

LE CORYPHÉE

Allons, sans plus tarder, aborde ton propos. Presse le mouvement : c'est ce qui a le plus d'attrait pour les spectateurs.

GAILLARDINE

Ma foi... que mes leçons soient excellentes, je n'en doute pas. Mais est-ce que le public consentira à tailler dans le neuf, à ne pas trop se confiner dans les anciens usages ? Voilà ce qui m'inquiète le plus.

MIRAVOINE

Pour ce qui est de tailler dans le neuf, ne t'inquiète pas ! Procéder de la sorte, avec un parfait dédain pour tout ce qui est ancien, nous n'avons pas d'autre secret de gouvernement.

GAILLARDINE, *au public*.

Eh bien, qu'on s'abstienne de toute contradiction et de toute interruption avant d'être au fait du propos dont il s'agit, et d'avoir écouté l'orateur.

Je vais vous dire : il faut donner part à tous de toutes choses, en communauté ; égalité de ressources pour vivre, au lieu que l'un soit riche et l'autre pauvre, que l'un ait de vastes terres à cultiver, et l'autre pas même de quoi se faire ensevelir, l'un une foule d'esclaves à son service, et l'autre pas même un valet. Je pose une seule condition de vie, commune à tous, la même pour tous.

MIRAVOINE

Pas possible ? Commune à tous ? Merde alors !

GAILLARDINE

Manges-en d'abord, je prendrai ta suite[1] !

MIRAVOINE

Ah ! La merde aussi on la mettra en commun ?

GAILLARDINE

Mais non, sacrebleu ! C'est toi qui t'emballes et qui m'interromps ! Ce que j'allais dire, c'est : pour commencer, communauté de terres, de l'argent et de tous les avoirs personnels. Sur ce fonds commun, c'est nous qui vous nourrirons : à nous la gestion, le contrôle des dépenses, et la mise au point du Plan.

MIRAVOINE

Et pour celui dont l'avoir n'est pas en biens-fonds, mais en argent et en devises ? cette fortune-là est invisible !

GAILLARDINE

Il la versera à la masse.

MIRAVOINE

Et s'il ne la verse pas ? S'il fait un faux serment pour la garder, comme il en a déjà fait d'autres pour la gagner ?

GAILLARDINE

Mais elle ne lui servira plus à rien de toute façon.

1. *Litt. : MIR. Commune à tous ? Comment cela ? GAILL. Tu boufferas de la merde avant moi !*

MIRAVOINE

Comment ça ?

GAILLARDINE

Le besoin n'imposera plus aucun labeur à aucun citoyen. Tout appartiendra à tous : pain, salaisons, galettes, pèlerines, vin, couronnes, pralines. Ainsi quel avantage aura-t-on à ne pas verser ce qu'on a ? Creuse-toi bien, tu en vois un ? je t'écoute.

MIRAVOINE

Mais voyons, aujourd'hui, les plus voleurs, c'est bien ceux qui ont déjà tout ça à leur disposition[1] ?

GAILLARDINE

Dans le temps, oui, mon bon — quand nous suivions les lois du vieux temps. Mais à présent qu'on vivra sur le fonds de communauté, quel avantage aura-t-on à ne pas verser ce qu'on a ?

MIRAVOINE

Suppose un type qui avise une mignonne ; il la convoite, il veut la tromboner : c'est en puisant dans ses fonds privés qu'il pourra lui faire un cadeau. En fait de jouissance en communauté, il aura couché avec elle !

GAILLARDINE

Mais gratis il aura le droit de coucher avec ! J'institue aussi la communauté des femmes entre tous les hommes :

1. La suite du raisonnement serait : donc quand tout le monde disposera de tout, tout le monde ne pensera plus qu'à voler tout le monde.

pourra les mettre au lit avec lui et les engrosser qui voudra.

MIRAVOINE

Mais comment les empêcher de converger tous sur la plus fraîche et jolie pour essayer de lui foncer dedans ?

GAILLARDINE

Les laides et les camuses auront leur place à côté de celles qui sont dans leur gloire : et qui désirera la belle commencera par s'envoyer l'affreuse.

MIRAVOINE

Mais nous autres, les vieux, si nous nous tapons les affreuses, comment veux-tu que nous soyons encore d'attaque pour l'étape suivante de ton programme ? Ça sera la débandade !

GAILLARDINE, *feignant de croire que son mari a peur d'être écharpé par les femmes, furieuses de se voir frustrées des caresses d'un si beau mâle.*

Elles ne feront pas la guerre, ne t'inquiète pas pour ta personne, n'aie pas peur !

MIRAVOINE

Pas la guerre ? à quel propos ?

GAILLARDINE

Parce que tu n'auras pas couché avec elles ; tu es à l'abri d'un pareil ennui.

MIRAVOINE

Vu de votre côté, c'est assez bien conçu. Toutes mesures sont prises pour qu'il n'y ait pas de trou-madame vacant. Mais le truc-monsieur, qu'est-ce qu'il va faire ? Elles vont mettre le cap sur les beaux garçons : pour les moches, plus personne !

GAILLARDINE

Eh bien, les mal fichus n'auront qu'à pister les bien tournés à la sortie de leurs festins, et les avoir à l'œil dans les lieux publics : les femmes n'auront pas le droit de coucher avec les beaux hommes, les bien plantés, avant d'avoir accordé leurs faveurs aux moches et aux nabots.

MIRAVOINE

Vrai ? C'est Lysicrate qui va lever le museau aussi haut que nos Adonis !

GAILLARDINE

Oui, ma foi, bel astre[1] ! Et l'idée est démocratique : on fera gorge chaude des glorieux crâneurs aux doigts chargés de bagues, quand un galochard leur dira : « À toi l'honneur... de me laisser passer. Et tiens-toi en alerte : quand j'aurai fini mon affaire, je te cède la seconde resucée. »

MIRAVOINE

Mais avec un pareil système, comment chacun sera-t-il capable de reconnaître ses enfants à lui ?

1. *Litt. : par Apollon !* Il y a une intention comique dans la référence à ce dieu à un moment où il est question de beauté masculine.

GAILLARDINE

À quoi bon ? En tout homme d'âge, compte tenu de la chronologie, les jeunes verront leur propre père.

MIRAVOINE

Alors ils étrangleront, bravement et consciencieusement, à la file, tous les vieux, faute de savoir à quoi s'en tenir. À preuve : même maintenant où ils savent que c'est bien de leur père qu'il s'agit, ils l'étranglent[1] ! Qu'est-ce que ça sera quand ils ne sauront pas ! Ils se torcheront le cul à sa barbe !

GAILLARDINE

Non ! Ceux qui seront là ne permettront pas ça. Jusqu'ici, quand on rossait un vieux ils s'en fichaient bien : c'était celui des autres ! À présent, en entendant les horions, ils s'inquiéteront : « Si c'était lui, mon père, qui se fait rosser ? » et ils tomberont sur les auteurs de ces voies de fait.

MIRAVOINE

Ça se tient assez bien, en somme, ce que tu dis là ! Mais si Épicouros, ou bien Leucolophos[2], s'amène en m'appelant : « Papa ! »... quelle horreur d'avoir à entendre ça !

CRACHIGNOL

Ça serait bien moins horrible que s'il t'arrivait...

MIRAVOINE

Quoi donc ?

1. Allusion probable à une récente affaire de parricide.
2. Inconnus.

CRACHIGNOL

D'essuyer de la part d'Aristyllos des baisers qu'il prétendrait filiaux !

MIRAVOINE

Oh ! là là ! gare à lui ! ça lui coûterait cher.

CRACHIGNOL

Mais pour toi, quel parfum d'ambr... enoisie[1] !

GAILLARDINE

Non : ce type-là est venu au monde avant la réforme : tu n'as pas besoin d'avoir peur de ses baisers.

MIRAVOINE

Brr ! s'il m'avait fallu subir ça, quelle horreur ! *(Changeant de chapitre.)* Et la terre ? Qui va la travailler ?

GAILLARDINE

Les esclaves. Tu n'auras plus d'autre souci que de t'en aller souper, tout guilleret, à l'heure où les ombres s'allongent[2].

MIRAVOINE

Et pour les habits ? Comment va-t-on s'en tirer ? C'est un problème qui vaut d'être posé.

1. *Litt. : de menthe*. Le mot καλαμίνθη implique un calembour avec un relent fécal (μίνθος).

2. *Litt. : quand l'*[*ombre de l'*]*index aura dix pieds*. Souvenir d'un cadran solaire archaïque, où l'heure se marquait non par la direction de l'ombre, mais par sa longueur : ici, décuple — l'index vertical ayant un pied de haut —, c'est-à-dire environ une demi-heure avant le coucher du soleil.

GAILLARDINE

Ceux que vous avez, l'usage vous en sera laissé pour commencer. Quant à l'avenir, c'est nous qui fournirons le tissu.

MIRAVOINE

Encore une question : si les magistrats condamnent un type à l'amende, qu'est-ce qui se passera ? Où prendra-t-il de quoi la payer ? Au fonds commun ? Ça ne serait pas juste !

GAILLARDINE

D'abord, des procès, il n'y en aura plus !

MIRAVOINE

Cette parole-là, chez nous, elle te perdra[1] !

CRACHIGNOL

Moi aussi, je suis de cet avis.

GAILLARDINE

Mais, mon pauvre vieux, pourquoi y en aura-t-il ?

MIRAVOINE

Pour des tas de raisons, sacrebleu ! D'abord et d'une : si quelqu'un renie ses dettes, pas vrai ?

GAILLARDINE

Mais le créancier, où aura-t-il trouvé l'argent de sa créance, puisque tout sera commun ? Il se désignerait lui-même comme voleur, pas vrai ?

1. Parce que les Athéniens n'admettront jamais de renoncer à ces procès qui sont leur pain quotidien.

CRACHIGNOL

Bonté divine ! c'est magistral ce que tu dis là !

MIRAVOINE, *à Crachignol.*

Bon ; mais qu'elle m'explique autre chose : pour les coups et blessures, comment paiera-t-on les dommages et intérêts, quand une bamboche tournera en bagarre ? *(À Gaillardine.)* Là, tu es coincée, hein ?

GAILLARDINE

Par prélèvement sur la pitance. S'il voit rogner son menu, une autre fois, le type sera moins porté à se bagarrer pour un oui, pour un non : il aura reçu un coup à l'estomac.

MIRAVOINE

Et il n'y aura plus de voleurs non plus ?

GAILLARDINE

Pourquoi est-ce qu'on volerait, si on a part à tout ?

MIRAVOINE

On ne sera plus détroussé la nuit ?

CRACHIGNOL

Non, si tu restes chez toi dans ton lit !

GAILLARDINE

Et même si tu te promènes dehors comme avant — puisque tout le monde aura de quoi vivre !

MIRAVOINE

Et s'il y a quand même un détrousseur ?

GAILLARDINE

On lui cèdera de bon cœur : à quoi bon se battre ? la belle affaire ! on ira toucher une autre pelure, et meilleure, sur le stock de communauté.

MIRAVOINE

Et les gens ne joueront plus aux dés ?

GAILLARDINE

Pour quel enjeu le ferait-on ?

MIRAVOINE

Et pour tous les jours, quelle vie vas-tu nous faire ?

GAILLARDINE

Commune pour tous. J'entends faire de la ville un seul foyer, en brisant toutes les clôtures, sans aucune exception : qu'on puisse aller et venir, de tous chez tous !

MIRAVOINE

Et les repas, où les serviras-tu ?

GAILLARDINE

Tribunaux et portiques seront convertis en autant de réfectoires.

MIRAVOINE

Et la Tribune, à quoi servira-t-elle ?

GAILLARDINE

Ce sera un dressoir pour les pichets et les jarres. Et les gamins y monteront afin de célébrer les vaillants combattants ; et pour tous ceux qui se seront conduits en pleutres, leur couper l'appétit, de honte !

MIRAVOINE

Jour de dieu ! L'idée est jolie ! Mais les loges où on tire au sort, comment vas-tu les reconvertir[1] ?

GAILLARDINE

Je vais les installer sur la Place. Et alors, je rassemblerai tout le monde au pied de la statue d'Harmodius[2], et je ferai le tirage, jusqu'à ce que chacun soit informé, d'après la lettre qui lui sera échue, de l'endroit de son dîner, et y aille tout guilleret. La crieuse annoncera : « Pour ceux qui ont le R, rassemblement au portique Royal ; le S, à celui d'à côté. Pour ceux qui ont le H, rendez-vous à la Halle aux grains[3]. »

MIRAVOINE

Pour y hallebotter ?

1. Pour désigner parmi les citoyens ceux qui effectivement feraient fonction de juges, on les tirait au sort, et pour mettre un peu d'ordre dans cette cohue, on la canalisait en différents bureaux volants entre lesquels se répartissait le triage pour les divers tribunaux, selon dix lettres de l'alphabet.

2. En réalité, le groupe des deux tyrannicides, Harmodius et Aristogiton, dressés sur la grand-place.

3. *Litt. : ceux du Bêta au portique basileion,... le Thêta... ceux du Kapna...* Cette dernière lettre n'est choisie que pour amener un calembour avec le verbe κάπτω, « s'empiffrer ». Le mot « hallebotter », adopté ici pour offrir un équivalent, est dans Rabelais avec le sens de « grappiller » (des raisins).

GAILLARDINE

Mais non, voyons ! pour y dîner.

MIRAVOINE

Mais ceux qui resteront, sans être tombés sur une lettre où l'on dîne, ceux-là on les mettra tous à la porte[1] ?

GAILLARDINE

Mais non ! chez nous on ne verra rien de pareil !
nous fournirons de tout, à tous en abondance :
tout un chacun repartira couronne en tête
et torche en main, en bon pochard ! Et puis les femmes
aborderont aux carrefours les festoyeurs :
« Entrez chez nous vous trouverez à l'intérieur
une mignonne, et dans sa fleur ! » — « Et chez moi donc ! »
criera du haut de son balcon une autre hôtesse,
« et si jolie ! et blanche et nette ! Ah ! mais il faut
auparavant venir coucher avecque moi ! »
Et les vieux singes, pendus aux basques des beaux galants
et des blondins, viendront leur dire : « Où cours-tu, toi ?
C'est inutile : tu perds ton temps, reste où tu es !
Car ceux qui doivent de par la loi tirer leur coup
en préséance c'est les camards, c'est les affreux !
Quant à vous autres, pendant ce temps, vous pourrez bien
vous escrimer dans l'antichambre, pelant la tige
qui darde un gland et à laquelle pendent deux prunes[2] ! »
Hé bien, dites un peu, tous les deux, ça vous va ?

1. Je lis ἅπαντας. Tous les citoyens n'avaient évidemment pas la chance d'être tirés au sort pour siéger aux tribunaux, et gagner ainsi les trois oboles. Mais dans le nouveau régime, il n'y a plus procès, mais bombances ; et nul n'en sera exclu.

2. L'image obscène est légèrement différente en grec.

MIRAVOINE et CRACHIGNOL

Et comment !

GAILLARDINE

Alors moi, il faut que je me rende sur la Place pour réceptionner tout ce qui va affluer, après avoir pris une crieuse qui ait une bonne voix. C'est à moi, nécessairement, de m'occuper de ça, puisque j'ai été appelée à gouverner ; et d'organiser les repas de communauté, pour que vous inauguriez dès aujourd'hui vos bamboches.

MIRAVOINE

Déjà, on va bambocher ?

GAILLARDINE

Puisque je vous le dis ! Et puis, les ribaudes, toutes tant qu'elles sont, j'entends mettre fin à leur industrie.

MIRAVOINE

Pour quoi faire ?

CRACHIGNOL

Ça saute aux yeux : *(montrant le Chœur)* pour réserver à ces dames la virile verdeur de nos jeunes gens.

GAILLARDINE

Et les esclaves, il ne faut pas non plus qu'en faisant toilette elles chipent aux femmes libres les délices d'alcôve qui leur seront dues : qu'elles se réservent pour les esclaves, et si elles s'épilent le cochonnet, que ce soit pour les peaux-de-bique[1] !

MIRAVOINE

Eh bien moi, je te fais escorte, je ne te quitte pas : je veux être la cible des regards, et entendre dire de moi : « C'est le mari de la Commandante ! Prestigieux personnage ! »

CRACHIGNOL

Et moi, pour apporter mon bataclan sur la Place, je vais préparer et inventorier mes possessions.

Il sort.

[Danse du chœur]

Crachignol reparaît. Des serviteurs apportent au fur et à mesure divers ustensiles et objets, qu'ils déposent par terre. Il les met en ordre comme pour une procession, imitée de celle des Panathénées.

CRACHIGNOL

Viens ici, Vannette, viens dehors, ma jolie, marcher bien joliment en tête de mes ustensiles ; tu feras la demoiselle porte-corbeille[2], poudrée à frimas par tant de sacs de farine que je t'ai versés de dessus !... La demoiselle de chaise ? à toi l'honneur, marmite, ici, sors ! Sapristi, tu es bien noiraude :

1. C'est-à-dire pour les esclaves, qui portaient un grossier sayon de poil. Le sens de ce vers est discuté.

2. *Litt. : la canéphore*, noble jeune fille qui portait la corbeille sainte. Les autres représenteront les acolytes du cortège : *la porte-chaise, la dame d'atours, la porte-aiguière, la chanteuse cithariste, les porte-plateaux*, avec des offrandes diverses.

on dirait que tu as fait mijoter la teinture dont Lysicrate se noircit le poil !... Viens ici, et plante-toi près d'elle, toi, la dame d'atours !... Allons, Dame-jeanne, tu feras la porteuse d'eau lustrale, là... Et toi, arrive, la cantatrice[1], toi qui m'as si souvent chanté la diane, la nuit, à des heures impossibles, pour m'expédier à l'Assemblée !... *(À un serviteur.)* C'est toi qui as pris le plateau ? Avance ! apporte les rayons de miel, dépose les rameaux à côté ; les deux trépieds, mets-les dehors, et la burette ! Et maintenant, la vaisselle subalterne, la racaille, laissez-la aller comme elle voudra !

Entre un Voisin.

LE VOISIN, *à part*.

Moi, déposer ce qui est à moi ? Je serais un pauvre type, alors ! je n'aurais pas deux sous de bon sens ! Pas question, morbleu ! jamais ! Je vais commencer par examiner les choses sur toutes les coutures, et m'informer.

Le fruit de ma sueur, produit de mon épargne
je ne vais pas l'envoyer comme ça en l'air, bêtement, à propos de rien. Je veux tout d'abord tirer au clair le tour que prend cette affaire.

S'approchant de Crachignol.

Dis donc, toi, qu'est-ce que ça signifie ce déballage d'ustensiles ? Tu déménages ? Ou bien tu vas les mettre en gage ?

CRACHIGNOL

Pas du tout.

1. *Litt. : la chanteuse à la cithare*. Il s'agit de la meule qui, tournée de grand matin par la servante, réveillait le bonhomme par sa cantilène.

LE VOISIN

Alors, pourquoi cet alignement ? Vous allez peut-être acheminer ça à la queue leu leu vers la salle des ventes ?

CRACHIGNOL

Mais non. Je vais le déposer sur la place, pour en faire abandon à l'État, selon les prescriptions de la loi.

LE VOISIN

Tu vas les déposer ?

CRACHIGNOL

Parfaitement.

LE VOISIN

Divin Sauveur ! Alors, tu es un pauvre type !

CRACHIGNOL

Comment ?

LE VOISIN

Comment ? ça va de soi.

CRACHIGNOL

Quoi donc ? Est-ce qu'il ne faut pas que j'obéisse aux prescriptions ?

LE VOISIN

Quelles prescriptions ?

CRACHIGNOL

Celles de la loi.

LE VOISIN

De la loi ? Alors, tu es complètement cinglé.

CRACHIGNOL

Cinglé ?

LE VOISIN

Ben, voyons ! Tu es le dernier de tous les idiots.

CRACHIGNOL

Parce que je me conforme au règlement ?

LE VOISIN

Le règlement ! Est-ce qu'on doit s'y conformer quand on sait se conduire ?

CRACHIGNOL

C'est la première chose à faire.

LE VOISIN

Oui, quand on est un crétin.

CRACHIGNOL

Alors, toi, tu n'as pas l'intention d'abandonner ce que tu as ?

LE VOISIN

Pas de danger, avant que j'aie vu ce que décide le gros des gens.

CRACHIGNOL

Ça ne fait pas de doute. Ils sont prêts à faire abandon de leurs biens.

LE VOISIN

J'attends de le voir pour le croire.

CRACHIGNOL

En tout cas, c'est ce qu'ils disent dans les rues.

LE VOISIN

Ils le diront, oui !

CRACHIGNOL

Et même ils déclarent qu'ils vont les coltiner eux-mêmes !

LE VOISIN

Ils le déclareront, oui !

CRACHIGNOL

Tu nous assommes, à te méfier de tout.

LE VOISIN

Ils se méfieront, oui !

CRACHIGNOL

Que le feu du ciel t'arde !

LE VOISIN

Ils tarderont, oui ! Abandonner ce qu'on a ? Tu t'imagines qu'il y aura un homme de bon sens pour s'y résoudre ? Ce n'est pas dans nos traditions. La seule chose à faire, pour nous, c'est de recevoir, bon dieu ! D'ailleurs les dieux le font bien. À preuve, les mains de leurs statues : quand nous les supplions de nous donner leurs faveurs, ils sont là campés, tendant la paume en l'air. Ce n'est pas le geste de quelqu'un qui s'apprête à donner, mais à recevoir.

CRACHIGNOL

Fichu bonhomme, laisse-moi faire quelque chose d'utile. Tu vois, il faut que j'attache tout ça. Où est ma courroie ?

LE VOISIN

Sans blague ? Tu vas les porter ?

CRACHIGNOL

Oui, morbleu ; tiens, je ficelle déjà ensemble ces deux trépieds.

LE VOISIN

Au fou ! Tu n'attends même pas les autres pour voir ce qu'ils feront, et alors seulement...

CRACHIGNOL

Et alors quoi ?

LE VOISIN

Continuer à attendre, et puis après persévérer dans l'expectative.

CRACHIGNOL

Pour quoi faire ?

LE VOISIN

Des fois, s'il y avait un tremblement de terre, ou un météore inquiétant, ou une belette qui trotte en travers de la rue[1], ils cesseraient de porter au tas, eh, ahuri !

CRACHIGNOL

Je serais dans de beaux draps si je ne trouvais plus de place où déposer mon bataclan !

LE VOISIN

C'est donc ça ? Tu avais peur qu'on ne te laisse pas de place ? Ne t'inquiète pas, pour déposer, tu en auras toujours, même après-demain.

CRACHIGNOL

Pourquoi ?

LE VOISIN, *montrant les spectateurs.*

Je les connais : ils ont vite fait de voter à main levée ; mais après, ils renient ce qu'ils ont décidé.

CRACHIGNOL

Ils apporteront, mon vieux !

LE VOISIN

Et s'ils ne fournissent pas, hein ?

CRACHIGNOL

Ne t'en fais pas, ils fourniront !

1. Autant de signes de mauvais augure.

LE VOISIN

Et s'ils font de l'obstruction, hein ?

CRACHIGNOL

On leur tapera dessus.

LE VOISIN

Et s'ils sont les plus forts, hein ?

CRACHIGNOL

Je laisserai tomber et je m'en irai.

LE VOISIN

Et s'ils vendent tes affaires, hein ?

CRACHIGNOL

Eh ! crève la gueule ouverte !

LE VOISIN

Et si je crève la gueule ouverte, hein ?

CRACHIGNOL

Ça sera bien fait !

LE VOISIN

Alors, pour de bon, tu tiens à déposer tes biens ?

CRACHIGNOL

Oui. Et d'ailleurs, je vois bien que mes voisins le font.

LE VOISIN

Et comment ! Antisthène, par exemple, il porterait au

tas ? Il pousserait plutôt sa crotte trente jours d'affilée, et plus, avant que ça lui chante !

CRACHIGNOL, *faisant mine de le rosser.*

Ça va barder !

LE VOISIN

Et Callimaque le poète, il portera au tas ?

CRACHIGNOL

Toujours plus que Callias[1] !

LE VOISIN, *prenant le public à témoin.*

Ce type-là est décidé à se délester de son avoir…

CRACHIGNOL, *l'interrompant, vexé.*

Tu dis des énormités.

LE VOISIN

Énormités ? Comme si tu ne voyais pas défiler sans arrêt des décrets de ce genre ! Tiens, ce fameux arrêté sur le prix du sel, tu sais ?

CRACHIGNOL

Oui…

LE VOISIN

Et ce fameux vote sur les pièces de bronze, tu sais ?

1. Ce Callimaque, qui n'est pas connu, était évidemment un besogneux. Callias, qui avait été dans sa jeunesse l'homme le plus riche d'Athènes, s'était ruiné en prodigalités et en débauches.

CRACHIGNOL

Même qu'elle m'a joué un vilain tour, à moi, cette monnaie-là ! Oui : j'avais vendu du raisin, alors je mets les voiles, les joues pleines de sous ; je m'amène au marché pour acheter de la farine ; et alors, pas plus tôt mon sac mis à remplir, voilà-t-il pas que le crieur aboie : « Avis à tous ! Ne plus accepter le bronze, l'argent seul a cours ! »

LE VOISIN

Et dernièrement, est-ce qu'on n'a pas tous juré qu'elle ferait cinq cents millions[1] pour le Trésor, la taxe de deux et demi pour cent dont Euripide nous a gratifiés ? Sur le moment, tout le monde le traitait comme une idole, Euripide. Oui, mais quand on s'est aperçu, à y mieux regarder, qu'on restait toujours dans le pétrin, et que ça ne faisait pas le compte, alors tout le monde l'a traité comme du fumier, Euripide !

CRACHIGNOL

Ce n'est pas pareil, mon vieux : à ce moment-là, c'est nous qui gouvernions ; maintenant, c'est les femmes.

LE VOISIN

Celles-là, je me tiendrai à carreau, morbleu : qu'elles ne viennent pas me pisser sur le portrait !

CRACHIGNOL

Je ne veux rien savoir de tes balivernes. *(À son esclave.)* Hep, petit ! Apporte la hotte !

1. *Litt. : cinq cents talents*. Le promoteur de cet impôt sur le capital n'a rien à voir avec le poète.

Entre, chaleureuse et solennelle, une femme, qui tient dans le nouveau régime la fonction de « crieuse publique ».

LA CRIEUSE

Aux tables, citoyens !
Je vous invite tous — c'est le nouveau statut.
Allez, courez, tout droit chez notre Commandante,
pour qu'un tirage au sort vous assigne à chacun
la place où vous allez dîner. Tout est servi :
les tréteaux sont dressés, tout pleins de bonnes choses ;
pour vous coucher, coussins, tapis sont entassés ;
le vin, les échansons le versent et le brassent ;
les parfumeuses[1] font la haie, au garde-à-vous ;
galettes ? on les dore ;
couronnes ? on les tresse ;
pralines ? on les grille ;
marmites de purée
mijotent, par les soins des plus fraîches donzelles :
en galant cavalier, Sméos fait la vaisselle
aux dames, en léchant le fond de leurs écuelles[2].
Le vieux Barbon[3] s'avance, en cape, en escarpins,
à grands éclats de rire, avec un autre éphèbe :
il a mis au rancart capuche et godillots !
Ainsi donc, avancez ! Le panetier est là,
à son poste. Et à vous d'ouvrir vos entonnoirs !

1. Pour les banquets de fête, on se parfumait et se couronnait la tête. Les parfumeuses, comme les danseuses et musiciennes, rendaient aussi aux convives des services plus intimes.

2. Équivoque obscène.

3. *Litt. : Géron*, c'est-à-dire « vieillard ». C'est ici un nom propre, et celui qui le porte est effectivement âgé. Mais il est tout rajeuni par l'aubaine.

LE VOISIN

Soit, dans ces conditions, j'y vais. Pourquoi rester planté, puisque c'est l'État qui le veut ?

CRACHIGNOL

Et où vas-tu aller ? tu n'as pas déposé ton avoir !

LE VOISIN

Au dîner.

CRACHIGNOL

Pas question — à moins qu'elles n'aient perdu la tête là-bas : pas avant d'avoir apporté ce qui est à toi.

LE VOISIN

Mais je l'apporterai.

CRACHIGNOL

Quand ça ?

LE VOISIN, *rassurant et vague.*

S'il y a de l'accrochage, ce n'est pas de moi que ça viendra.

CRACHIGNOL

Explique-toi ?

LE VOISIN

Je veux dire que je ne serai pas le dernier. Il y en aura d'autres après moi.

CRACHIGNOL

Et tu vas aller tout de même au dîner ?

LE VOISIN

Que veux-tu ? il faut que j'en passe par là !

Cornélien.

On doit, autant qu'on peut, payer de sa personne
pour servir son pays, quand on a du civisme !

CRACHIGNOL

Et si elles te refoulent, hein ?

LE VOISIN

Je foncerai tête baissée.

CRACHIGNOL

Et si elles te cognent dessus[1] ?

LE VOISIN

Nous leur ferons procès.

CRACHIGNOL

Et si elles te rient au nez ?

LE VOISIN

Je me posterai à l'entrée...

1. *Litt. : si elles te fouettent*. Les « agentes de police » seront armées du fouet, comme c'est la règle à Athènes pour ceux qui ont à faire respecter l'ordre dans la rue, sur les marchés ou dans les assemblées.

CRACHIGNOL

Et qu'est-ce que tu feras, dis-moi ?

LE VOISIN

Je raflerai les plats aux serveurs !

CRACHIGNOL, *inquiet*.

Alors, je prends les devants ! *(À ses esclaves.)* Toi, Sicon, et toi, Parménon, chargez le fourbi !

LE VOISIN, *soudain très serviable*.

Allons, je t'aide à le porter, voyons !

CRACHIGNOL

Non, jamais de la vie ! Je me méfie : jusque par-devant la Commandante, quand je déposerai tout ça, tu prétendrais que c'est à toi !

Il s'en va avec ses esclaves, emportant tout son bataclan.

LE VOISIN

Sacrebleu ! Il me faut pourtant un truc pour arriver de façon ou d'autre, tout en gardant ce qui est à moi, à participer au fricot de communauté avec ces gens-là... *(Il se frappe le front.)* Parfait ! une idée lumineuse ! En route, à l'abordage, allons dîner, et ne perdons pas de temps !

Il s'en va.

[INTERMÈDE, *chanté et dansé par le Chœur*.]

La scène est désormais censée représenter une rue d'Athènes ; deux maisons se font face ; à la fenêtre de l'une se penche une Vieille Femme horriblement fardée, de l'autre une Jolie Fille.

LA VIEILLE FEMME

Que diantre font les hommes ? Il n'en vient pas ! C'est pourtant l'heure, depuis longtemps ! Et moi, me voilà maquillée, poudrée, en belle robe jaune, et je reste plantée sans savoir que faire, en chantonnant à bouche fermée et en faisant la follette pour tâcher d'en harponner un au passage…

Muses venez, descendez sur mes lèvres,
et trouvez-moi quelque ariette bien lascive !

Un flûtiste vient prendre place au pied de la scène.

LA JOLIE FILLE

Ah ! tu as pris les devants pour t'accouder à ton poste, vieille carne ! Tu pensais grappiller à ton aise sur ma treille en mon absence, en chantant pour attirer le chaland ! Mais moi, si tu fais ça, je vais chanter de mon côté. Et si ça ennuie le public, tant pis : l'intermède ne manque pas de charme dans une comédie.

LA VIEILLE FEMME

Mets-toi le doigt aux lèvres, et qu'on ne te voie plus ! *(Au flûtiste.)* Et toi l'homme aux pipeaux, mon mignon, prends ton flûtiau, et pousse un air qui nous fasse honneur à toi et à moi !

Musique de flûte.

LA VIEILLE FEMME, *chantant*.

Si vous voulez vous donner du bon temps,
c'est avec moi qu'il faut venir coucher !
Oui, les tendrons manquent de savoir-faire :
C'est le secret des femmes d'âge mûr.
Nulle n'aurait plus que moi complaisance
pour mignoter mon tendre ami d'alcôve :
ce n'est pas moi qui m'en irais
papillonner autour d'un autre !

LA JOLIE FILLE, *chantant*.

Tais-toi, jalouse, et cesse de baver
sur les tendrons ; le charme des ivresses,
c'est dans le creux délicat de nos cuisses
qu'il prend racine, et c'est entre nos seins
qu'il vient fleurir ! Toi, peins-toi le museau,
épile-toi la broussaille, et prépare
ton lit pour l'hôte qui te lorgne,
ma vieille : c'est un lit de mort[1] *!*

LA VIEILLE FEMME, *chantant*.

Si tu pouvais te déglinguer le trou-mamzelle,
voir ton pageot se démantibuler
quand tu voudras te faire fricoter !
Et sous tes draps trouver une couleuvre,
et n'avoir qu'elle à serrer sur ta couenne.
quand tu voudras baiser !

1. Le mot « mort », θάνατος, est du masculin en grec. Ici s'amorce l'idée qui ne cessera d'être exploitée à satiété, deux cents vers durant : que les vieilles ne sont que des cadavres ambulants et ne sont plus bonnes à se coucher que dans les bras de la mort.

LA JOLIE FILLE, *chantant.*

Que vais-je devenir pauvrette ?
Il n'est pas là, m'ami gentil !
Je suis laissée ici seulette,
car ma maman elle est partie !

Parlé.

La suite et la fin du couplet, pas besoin de le chanter[1] !

... Mais quant à toi, mémé,
écoute mon conseil :
C'est à Hochet-Decuir[2]
qu'il te faut recourir :
pour trouver ton plaisir,
ne compte que sur toi —
c'est moi qui t'en conjure...
Voluptés de houris
c'est ça qui te démange,
dis, vieille décatie ?

Parlé.

Et même tu te ferais bien lécher volontiers, on dirait, femme damnée !

Mais onc tu ne me voleras
les ébats que je me promets,
ne pilleras ni grugeras
de leurs droits mes vertes années !

1. Sans doute parce qu'il s'agit d'une chansonnette bien connue que fredonnaient les racoleuses d'Athènes.

2. *Litt. : aie recours à Orthagoras*, ce nom où la racine ὀρθ (« debout, dressé ») introduit un sous-entendu. Il s'agit non pas d'un homme, mais d'un objet, l'*olisbos*.

LA VIEILLE FEMME

Chante toujours, penche ton museau, ma chatte ! Personne ne t'approchera sans entrer d'abord chez moi !

LA JOLIE FILLE

Si c'est pour la levée du corps, d'accord ! C'est original ça, hein, vieux débris ?

LA VIEILLE FEMME

Plutôt rance !

LA JOLIE FILLE

Bien sûr ! pour une vieille gaupe, tout est rance !

LA VIEILLE FEMME

Quand tu vas te ronger les poings, ce n'est pas ma vieillesse qui aura fait ça[1] !

LA JOLIE FILLE

Alors quoi ? Ton plâtre et ton vermillon, plutôt ?

LA VIEILLE FEMME

De quoi tu te mêles ? Tais-toi.

LA JOLIE FILLE

Pourquoi tu te penches, toi ?

1. C'est-à-dire : Quand j'aurai intercepté ton amant, c'est mon charme et mon savoir-faire qui t'auront joué ce tour-là !

LA VIEILLE FEMME

Moi, je chante une romance pour Crochecœur[1], mon bel ami.

LA JOLIE FILLE

Ah ! tu as un bel ami ? Et il ne s'appelle pas Croquemort ?

LA VIEILLE FEMME

Il se chargera de te le faire voir. Il va venir chez moi dans un instant... Tiens, c'est lui en personne.

On voit s'approcher un jeune élégant, une torche à la main.

LA JOLIE FILLE

Ce n'est pas après toi qu'il soupire, sale peste !

LA VIEILLE FEMME

Que si bien !

LA JOLIE FILLE

Penses-tu, eh ! croulante ! Mais il te le fera bien voir tout seul. Moi, je me retire.

Elle disparaît de sa fenêtre.

LA VIEILLE FEMME

Et moi aussi. Ça t'apprendra que j'ai plus de dignité que toi !

1. *Litt. : pour Épigenès*, nom d'homme, qui fera assonance au vers suivant avec celui de *Gérés* qu'on pourrait traduire : « Levieux ».

Elle se recule un peu de l'embrasure, tandis que le Garçon s'approche de la maison de la Jolie Fille.

LE GARÇON, *chantant.*

Ah ! si je pouvais coucher
avec cette belle enfant
sans avoir auparavant
ni vieillarde à embrocher
ni camarde à baratter !
La corvée est par trop rude !
Quelle indigne servitude !

LA VIEILLE FEMME, *chantant à mi-voix.*

Eh ! ma foi, tu gémiras,
mais tu me baratteras !
Crois-tu que ce soient chansons
du temps de ma Mère l'Oye[1] *?*
C'est la justice et la loi,
et tu l'exécuteras :
le peuple est roi, mon garçon !

Parlé.

Voyons ! Je vais guetter ce qu'il va bien faire.

Elle se cache tout à fait.

LE GARÇON

Ô dieux ! si je pouvais la trouver seule, ma belle ! J'ai bu la goutte, à l'abordage ! Depuis le temps que je la désire !

1. *Litt. : du temps de Charixène,* expression proverbiale pour parler de radotages surannés.

LA JOLIE FILLE, *réapparaissant, à part.*

Je l'ai bernée, la fichue vieille rombière ! Elle a filé ! Elle s'est imaginée que je resterais à l'intérieur ! *(Apercevant le Garçon.)* Ah ! c'est lui, le voilà, celui dont nous parlions !

Elle chante.

Viens à moi, mon bel amour !
Viens, ah ! viens chercher séjour
entre mes bras, dans mon lit
pour toute une chaude nuit !
D'âpres feux je suis brûlée,
pantelante, ensorcelée
par tes beaux cheveux bouclés !
Ah ! quel désir éperdu
me possède, répandu
dans ma chair qu'il a mordue !
Dieu d'Amour, je t'en supplie,
fais que mon ami joli
soit mon hôte dans mon lit !

LE GARÇON, *chantant.*

Viens à moi, ma belle amour,
viens à moi, descends, accours,
ouvre-moi ta porte, ou bien
je me pâme, je suis mort !
Seconde, à vifs coups de reins,
la fougue de mes desseins
dans l'assaut que je t'apprête !...
Vénus, pour cette fillette
tu me fais perdre la tête !...

Dieu d'Amour, je t'en supplie
fais que de m'amie jolie
je sois l'hôte dans son lit !

Mais non, les mots que j'exhale
sont trop pâles
pour répondre à la détresse
qui me presse !
Ô mon bijou, ma chérie,
je t'en prie,
Ouvre-moi, enlace-moi !
Vois, je souffre, et c'est par toi !

Mon beau souci, mon trésor
tout en or,
abeille de Vénus, fleur
des neuf Sœurs,
fille des Grâces, calice
de délices,
Ouvre-moi, enlace-moi !
Vois, je souffre, et c'est par toi !

Il frappe fébrilement à la porte de la Jolie Fille.

LA VIEILLE FEMME, *sortant brusquement de chez elle.*

Hé là ! Tu frappes ? Qu'est-ce qu'il y a ? Ce serait-il moi que tu cherches ?

LE GARÇON

Où est-ce que tu prends ça ?

LA VIEILLE FEMME

Même que tu tambourinais à ma porte !

LE GARÇON

Moi ? plutôt crever !

LA VIEILLE FEMME

De qui es-tu en quête ici, la torche au poing ?

LE GARÇON

Je cherche un type qui est de Branlebourg.

LA VIEILLE FEMME

Qui ?

LE GARÇON

Pas Baisedru, non ? C'est sans doute lui que tu attends, toi.

LA VIEILLE FEMME, *l'attrapant par le bras et faisant tomber la torche.*

Ah ! Reine de Volupté ! bon gré mal gré je te...

LE GARÇON, *se débattant.*

Non ! Aujourd'hui sont tenues hors d'ébats toutes parties au-dessus de soixante ans ! A été jugé qu'il y a lieu à surseoir. Ne retenons pour nous en saisir à bonne fin que celles qui ont moins de vingt ans[1].

1. Parodie du langage juridique.

LA VIEILLE FEMME

Ça, c'était bon sous l'ancien régime, mon chou ! À présent, question d'ébats, c'est nous qui passons les premières, de par la loi.

LE GARÇON

Elle ne force personne, la loi ! C'est comme pour jouer aux dés[1] !

LA VIEILLE FEMME

Mais quand elle te donne à dîner, la loi, ce n'est pas comme pour jouer aux dés !

LE GARÇON, *faisant l'innocent.*

Je ne sais pas ce que tu veux dire. *(Se dégageant.)* Bref, c'est ici que j'ai à cogner du marteau[2].

LA VIEILLE FEMME

Quand tu en auras d'abord fait autant ici : pénètre en mon foyer !

LE GARÇON

Mais pour une vieille baudruche, nous ne sommes pas clients !

LA VIEILLE FEMME, *câline.*

Je sais bien que tu m'aimes ! *(Faisant l'oie blanche.)* C'est

1. Formule habituelle entre joueurs : « On est là pour s'amuser ! Ce n'est pas les travaux forcés ! » Mais le Garçon n'a rien objecté à la loi quand il s'est agi d'aller festoyer.

2. Ce vers et le suivant sont à double sens, par équivoque et sur κρούειν et sur θύρα.

que tu ne t'attendais pas à me trouver dehors ?... Allons, donne-moi ta bouche !

LE GARÇON

Tu en as de bonnes ! J'ai peur de ton amant !

LA VIEILLE FEMME

Qui donc ?

LE GARÇON

Ce décorateur génial[1]...

LA VIEILLE FEMME

Qui est-ce ?

LE GARÇON

... en Pompes Funèbres ! Allons, va te cacher, qu'il ne te voie pas dehors !

LA VIEILLE FEMME, *minaudant, aguicheuse.*

Ce que tu as en tête, je le sais, je le sais bien !

LE GARÇON

Et moi, ce que tu as dans la tienne, sacrebleu !

LA VIEILLE FEMME

Au nom de Vénus, qui m'a vue naître sous son signe pour lui appartenir, je t'arrête. Halte-là !

1. *Litt. : ce peintre génial... de buires funéraires*. Il s'agit de lécythes décorés de peintures qu'on plaçait auprès des morts.

LE GARÇON

Tu divagues, ma vieille !

LA VIEILLE FEMME, *de plus en plus autoritaire.*

Trêve de fariboles, je t'emmène sur mon matelas.

Elle veut l'entraîner chez elle.

LE GARÇON, *aux spectateurs.*

Eh bien ! qu'avons-nous besoin d'acheter des grappins pour les seaux ? Il suffirait de descendre une vieille harpie comme celle-là au fond des puits pour les harponner !

LA VIEILLE FEMME

Ne te fiche pas de moi, misérable, et suis-moi dans ma chambre.

LE GARÇON

Je n'y suis pas tenu, si tu n'as pas payé au Trésor la taxe de deux pour mille de ma valeur.

LA VIEILLE FEMME

Par Vénus ma patronne ! tu n'y couperas pas ! J'aime tant coucher avec les garçons de ton âge !

LE GARÇON

Et moi, les femmes de ton âge, ça me dégoûte. Je ne céderai pas, jamais !

LA VIEILLE FEMME, *tirant un papier de sa manche.*

Mais il y a ça qui t'y forcera bien !

LE GARÇON

Ça ? qu'est-ce que c'est ?

LA VIEILLE FEMME

Le décret aux termes duquel tu dois m'emboîter le pas.

LE GARÇON

Fais lecture, que je voie ce qu'il dit.

LA VIEILLE FEMME

Bon, je t'en fais lecture. *(Solennelle.)* « Nous, Assemblée des femmes, décrétons : Si un homme jeune convoite une jeunette, il lui est interdit de se l'envoyer, qu'il n'ait préalablement carambolé la vieille. Que si, se refusant audit carambolage, il persiste nonobstant à convoiter la jeunesse, il sera pleinement licite aux femmes âgées d'opérer saisie et contrainte par corps à son endroit… sensible. »

LE GARÇON

Oh ! là là ! C'est rocarambolesque ce qui m'attend aujourd'hui !

LA VIEILLE FEMME

Il te faut obéir aux lois de notre code !

LE GARÇON

Mais si je me fais dégager par un confrère ou un copain qui viendra verser caution ?

LA VIEILLE FEMME

Mais la capacité légale d'un individu du sexe masculin est désormais limitée à un boisseau de grain[1].

LE GARÇON

Et une excuse sur parole, non ?

LA VIEILLE FEMME

Non, pas de faux-fuyants !

LE GARÇON

Mais j'invoquerai le cas d'exemption, comme négociant[2].

LA VIEILLE FEMME

Il t'en cuira !

LE GARÇON

Alors, qu'est-ce qui me reste à faire ?

LA VIEILLE FEMME

À me suivre chez moi, et sur-le-champ.

LE GARÇON

Et il faut me soumettre à ce coup de force ?

1. À Athènes, les femmes n'avaient de capacité légale que très réduite. Maintenant qu'elles ont pris le pouvoir, c'est le tour des hommes d'être de « perpétuels mineurs ».

2. Les commerçants, à cause de leur utilité sociale, étant exemptés du service militaire, le Garçon essaie d'éviter par ce moyen le « service » pour lequel il est requis.

LA VIEILLE FEMME

Tu l'as dit : un coup, de force.

LE GARÇON, *résigné*.

Eh bien, commence par étendre une jonchée de cinéraire[1], casse quatre sarments de vigne pour les placer sous ta dépouille, pose-toi une mentonnière, dispose les urnes, dépose le seau d'eau bénite devant ta porte.

LA VIEILLE FEMME, *coquette*.

Je gage… tu m'achèteras bien une couronne de fleurs[2] ?

LE GARÇON

Oui, parbleu ! mais je précise : des immortelles. J'ai idée que, à peine nous serons entrés, tu vas tomber en morceaux.

La Jolie Fille sort de chez elle en courant.

LA JOLIE FILLE

Holà ! Où est-ce que tu l'embarques ?

LA VIEILLE FEMME, *hautaine*.

Chez moi je l'introduis.

1. *Litt. : de marjolaine*. Tous ces préparatifs sont en fait ceux de l'exposition solennelle qu'on faisait du mort, devant sa porte, avant les funérailles proprement dites. Ce qui a été traduit, pour obtenir l'effet macabre, par « mentonnière », ce sont des bandelettes qui ceignaient la tête.

2. Elle entend une couronne nuptiale. Le Garçon lui en promet une qui sera funéraire (*litt. : de cire*).

LA JOLIE FILLE

Tu es folle, dis-moi ? Il n'a pas l'ancienneté pour coucher avec toi, à son âge ! Tu serais plutôt sa mère que sa femme ! Et si vous instituez cette loi-là, on en verra des Œdipes : la terre en sera pleine !

LA VIEILLE FEMME

Ah ! salope ! C'est la jalousie qui te fait parler ! Qu'est-ce que tu vas chercher ?... Mais tu me le paieras !

Elle rentre chez elle.

LE GARÇON, *à la Jolie Fille.*

Dieu Sauveur ! quelles grâces je te dois, ma cocotte en sucre ! Tu m'as délivré de ce vieux débris. Eh bien, en échange de ce service, je vais te faire jouir ce soir d'une grosse grâce bien en chair !

Ils vont entrer chez la Fille. Survient une autre Vieille, plus horrible que la première.

LA VIEILLE

Dis donc, toi, où est-ce que tu embarques ce garçon ? C'est illégal : c'est moi, la loi le dit en toutes lettres, qui dois coucher d'abord avec lui.

LE GARÇON

Oh ! là là ! Catastrophe ! D'où est-ce que tu pointes ton vilain nez, maudite carogne ? Ça va de mal en pis ! quelle calamiteuse !

LA VIEILLE

Par ici, marche !

Elle l'empoigne.

LE GARÇON, *à la Jolie Fille.*

Vois ! elle m'embarque de force ! Ne la laisse pas faire, je t'en supplie !

LA VIEILLE

Force de moi ? non pas : force de loi !

LE GARÇON

Non ! force de Grandgoule, de vampiresse pustulente et sanguinoleuse !

LA VIEILLE

Suis-moi, mon doucet, viens, dépêche, trêve de balivernes !

LE GARÇON

Voyons, laisse-moi d'abord m'écarter un moment, et rappeler à moi mon courage ! Sinon, tu vas me voir, ici même, à l'instant, tout conchier de mâle frousse...

LA VIEILLE

T'inquiète pas, marche : tu feras ton affaire à l'intérieur.

LE GARÇON, *à part.*

C'est bien ce qui me fait peur : cette affaire-là, c'est plus que je n'en veux. *(Haut.)* Je te donnerai des répondants, deux, aux reins solides !

LA VIEILLE

Pas de répondants !

Elle l'emmène ; survient une troisième Vieillarde, encore plus hideuse, qui vocifère de loin.

LA VIEILLARDE, *au garçon.*

Où vas-tu ? où vas-tu avec cette femme ?

LE GARÇON, *sans l'avoir vue.*

Ce n'est pas moi qui vais ! On m'embarque ! Ah ! qui que tu sois, puisses-tu être comblée de mille joies, toi qui ne m'auras point laissé périr en victime ! *(L'apercevant.)* Ô dieu fort ! Ô puissances paniques ! Ô génies frénétiques ! Ô Frères célestes ! Ça va de mal en pis ! Quelle calamiteuse ! Dites, qu'est-ce que c'est que ça, je vous en conjure ? Qu'est-ce que c'est bien ? Une guenon toute plâtrée, ou une vieille trépassée qui serait revenue sur notre bord[1] ?

LA VIEILLARDE

Ne te fiche pas de moi, et suis-moi par ici.

LA VIEILLE

Non, par ici.

Elles tirent le Garçon chacune de son côté.

1. *Litt. : ressuscitée de chez ceux qui sont plus nombreux que nous,* c'est-à-dire les morts.

LA VIEILLARDE

Je ne te lâcherai pas, rien à faire !

LA VIEILLE

Moi non plus !

LE GARÇON

Vous allez m'écarteler, maudites carognes !

LA VIEILLE

Tu n'as qu'à me suivre, comme le veut la loi.

LA VIEILLARDE

Non, s'il se présente une autre vieille, encore plus affreuse.

LE GARÇON

Mais si vous commencez par me lessiver radicalement, voyons, comment pourrai-je approcher la belle que voilà ?

LA VIEILLARDE

Ça te regarde ; mais pour ce que je dis, il faut que tu obtempères.

LE GARÇON

Laquelle des deux dois-je bourrer la première, pour me libérer ?

LA VIEILLARDE

Tu le sais bien, non ? Arrive ici !

LE GARÇON

Qu'elle me lâche, alors, celle-là !

LA VIEILLE

Pas question ! Non, viens par ici !

LE GARÇON

À condition qu'elle me lâche, celle-ci !

LA VIEILLARDE

Non, je ne te lâcherai pas, morbleu !

LA VIEILLE

Ni moi non plus !

LE GARÇON

Eh bien, il y aurait du grabuge, si vous étiez passeurs !

LES VIEILLES

Pourquoi ?

LE GARÇON

À vous arracher les gens comme ça pour les embarquer, vous les mettriez en capilotade !

LA VIEILLE

Tais-toi, et viens ici !

LA VIEILLARDE

Non, morbleu ! chez moi !

LE GARÇON

Cette affaire-là relève évidemment du décret de Cannônos[1]. Pour que j'instrumente, la disjonction s'impose : dédoubler ma godille, et nager à deux avirons avec vous ? vous voyez le moyen ?

LA VIEILLE

Parfaitement : tu n'as qu'à bouffer une fricassée d'oignons[2].

LE GARÇON

Misère de moi, on m'entraîne, je suis déjà près du seuil...

LA VIEILLARDE, *à la Vieille.*

Ça ne t'avancera à rien : je foncerai tête baissée pour entrer avec toi.

LE GARÇON

Non, pour l'amour du Ciel ! J'aime mieux être la proie d'un fléau que de deux !

LA VIEILLARDE

Par l'enfer ! Bon gré, mal gré...

LE GARÇON

Ah ! misère, et misère et misère, s'il faut m'escrimer, toute la nuit, tout le jour, sur une vieille carcasse de femelle,

1. Décret ancien, assez mal connu, qui semble avoir stipulé pour certains cas que les inculpés du même procès comparaîtraient séparément.
2. L'oignon passait pour aphrodisiaque.

et après, une fois débarrassé d'elle, remettre ça sur une ribaude-crapaude aux babines boursuifflées[1] ! N'est-ce pas là triste misère ? Oui certes, accablante misère pour un homme ! Ô dieu de sauvegarde, quel cruel destin d'avoir à tirer ma coupe avec des morues pareilles ! Eh bien, si, comme il y a mille et mille chances, il m'arrive malheur, du fait de ces deux pouffiasses, en embouquant cette passe — qu'on m'ensevelisse juste au goulet du chenal. *(Montrant la Vieillarde.)* Et celle-là, pour servir de pinacle en haut du monument, qu'on l'enduise de bitume toute vive, qu'on lui coule un manchon de plomb autour des pieds jusqu'aux chevilles, et qu'on la juche là-haut en guise d'urne funéraire !

Les deux Vieilles l'entraînent en se le disputant.

[INTERMÈDE : Danse du Chœur]

Arrive, fort éméchée, la Servante de Gaillardine.

LA SERVANTE

Ô peuple bienheureux, ô terre de bénédiction, ô surémi-nemment bienheureuse la patronne que j'ai, et vous toutes qui vous tenez devant nos portes, et vous tous nos voisins et confrères — et moi par-dessus le marché, moi la servante, avec les parfums dont ma tête est embaumée[2] ! Seigneur ! qu'ils sont suaves ! Mais celui qui les enfonce tous,

1. Double jeu de mots sur φρύνη (« gourgandine » et « crapaud ») et sur λήκυθος (« flacon d'huile », qui évoque la façon dont elle s'est « graissé le museau » comme dira Gorgibus, et « verrue, pustule »). Cf. Jean Taillardat, *Les Images d'Aristophane, Études de langue et de style*, Éd. des Belles Lettres, Paris, 1962, p. 76).

2. Effet de la révolution (normalement seules les femmes libres usaient de parfums). Mais Gaillardine n'avait pas voulu cela.

c'est le vin des Îles[1] : ces flacons-là, leur bouquet monte à la tête, et il y reste, au lieu de s'évanouir et de s'évaporer comme pour les autres. Oui, rien n'est si bon, pour sûr, rien de rien, ma foi ! Tire, verse, brouille, mouille[2] ! Ça nous tiendra en joie toute la nuit, si nous choisissons bien celui qui a le meilleur fumet. Mais dites-moi, mes amies, où est mon maître — je veux dire le mari de ma dame et maîtresse ?

LE CORYPHÉE

Reste ici, et tu vas le retrouver, je pense.

LA SERVANTE

Tout juste : le voilà qui vient pour le dîner. *(Arrive Miravoine.)* Salut, Maître, auréolé d'une radieuse félicité !

MIRAVOINE

Qui ? Moi ?

LA SERVANTE

Oui, grand dieu, toi, plus que personne au monde !
Qui te surpasserait en ta félicité,
toi qui, seul et unique entre nos citoyens
dont le nombre s'élève à plus de trente mille,
restes le ventre creux !

LE CORYPHÉE

Comme tu dis : il a tous les bonheurs, cet homme-là, c'est clair !

1. *Litt. : de Thasos*, cru très réputé.
2. *Litt. : mélange d'eau le vin pur*, selon la coutume grecque.

LA SERVANTE, *à Miravoine.*

Hé, hé, où vas-tu ?

MIRAVOINE

Je me rends au dîner.

LA SERVANTE

Oui, dame ! mais tu seras largement le dernier. N'importe : ta femme me disait de t'attraper et de t'amener, et ces demoiselles avec toi. Du vin de Chypre[1], il y en a de reste, et toute la gamme des bonnes choses. Alors, ne tardez pas ; tous ceux dans le public qui nous voient d'un bon œil, et tous ceux dans le jury qui ne regardent pas ailleurs, qu'ils viennent avec nous : nous fournirons à tout.

MIRAVOINE, *solennel.*

Non : tout le monde ! Sois généreuse en ton appel, ne ferme la porte à personne, invite libéralement le barbon, le jouvenceau et le marmot ! Oui, un repas les attend, préparé à leur intention, tous tant qu'ils sont… *(goguenard)* s'ils s'en retournent chez eux ! Quant à moi, je vais me dépêcher d'aller dîner.

Ramassant la torche du garçon et la brandissant.

Tenez ! j'ai même le flambeau, ça tombe bien !

LA SERVANTE

Alors, qu'est-ce que tu as à lambiner, au lieu de les emmener avec toi ? Pendant que tu dévaleras, moi je vais pousser un petit couplet apéritif.

1. *Litt. : de Chio*, autre cru très estimé.

LE CORYPHÉE, *au public.*

Je voudrais suggérer une petite idée à mes juges[1] : ceux qui sont sages, qu'ils votent pour moi, en se rappelant tout ce que j'ai dit de sage ; et ceux qui aiment à rire, qu'ils votent pour moi, parce qu'ils ont eu de quoi rire. Ainsi, c'est à un vote quasi unanime que je vous invite, évidemment. Ne me rendez pas victime du tirage au sort qui m'a désigné pour commencer la journée[2]. Souvenez-vous bien de tout ça, et ne manquez pas à votre serment : jugez comme il faut l'ensemble de la série de pièces, sans imiter les façons des viles gourgandines, qui ne se souviennent jamais, dans toute la série de leurs clients, que des derniers !

LA SERVANTE

Holà ! holà ! c'est le moment,
si nous voulons, chères amies,
participer à cette affaire,
de nous rendre au banquet ! Je marque la cadence !

À Miravoine.

Et toi aussi, lève les pieds,
pour danser la bourrée !

MIRAVOINE

À tes ordres !

1. Comme il le faisait autrefois dans la parabase, le Coryphée parle au nom d'Aristophane lui-même.

2. Les comédies admises au concours étaient jouées successivement au cours de la journée.

LA SERVANTE, *montrant le Chœur.*

Et celles-ci,
dont le ventre n'est que trop plat,
donne-leur le signal ; allons,
qu'elles gambillent lestement
au rythme de la danse !
Vous allez déguster sous peu :
du bigornocabillortolangoustabri-
cobouillabesturgeonpoulopococovin !
des escargodivoloventruffagogo,
babaorumsteckopom'letflambéchamel-
chipolatapiocanaralorangigo-
grivécrevissalmidperdripâtéd'alou-
et'ceteratir'larigot
tir'larigoguette[1] !

Tu as bien entendu ? Bon, alors, en vitesse en vitesse, procure-toi une écuelle ! *(goguenarde)* et cours en trombe te procurer du rata, si tu veux avoir de quoi dîner[2] !

MIRAVOINE, *furieux.*

Mais il y en a qui s'empiffrent !

LE CHŒUR

Il chante et danse joyeusement, en sortant, emmené par Miravoine.

Allons, et que ça saute,
et haut ! ého !

1. Le mot grec, monstre de soixante-dix-huit syllabes, est fait d'un enchaînement hétéroclite de mets de toute espèce. On n'a pas respecté le détail des termes : ce qui compte, c'est le mouvement de cette « macaronade ».

2. Elle retourne contre Miravoine sa grosse blague de tout à l'heure.

Au banquet, oui, nous autres
on va, éha !
On aura, aïha ! le gros lot, aïho !
aïha ! aïho ! aïha ! aïho !

DANS LA MÊME COLLECTION

Dernières parutions

6142. Confucius	*Les Entretiens*
6143. Omar Khayyâm	*Vivre te soit bonheur ! Cent un quatrains de libre pensée*
6144. Marc Aurèle	*Pensées. Livres VII-XII*
6145. Blaise Pascal	*L'homme est un roseau pensant. Pensées (liasses I-XV)*
6198. Alain	*Du bonheur et de l'ennui et autres textes*
6199. Anonyme	*Le chemin de la vie et de la mort. Textes sacrés et profanes de l'ancienne Égypte*
6200. Cioran	*Ébauches de vertige*
6201. Épictète	*De la liberté* précédé de *De la profession de Cynique*
6202. Gandhi	*En guise d'autobiographie*
6269. Saint Augustin	*La Création du monde et le Temps* suivi de *Le Ciel et la Terre*
6270. Machiavel	*Ceux qui désirent acquérir la grâce d'un prince…*
6271. Ovide	*Les remèdes à l'amour* suivi de *Les produits de beauté pour le visage de la femme*
6272. Bossuet	*Sur la brièveté de la vie et autres sermons*
6303. Sénèque	*De la providence* suivi de *Lettres à Lucilius (lettres 71 à 74)*
6304. Jean-Jacques Rousseau	*Le chemin de la perfection vous est ouvert…*
6305. Henry David Thoreau	*De la simplicité !*
6306. Érasme	*Complainte de la paix*
6364. Cioran	*Pensées étranglées* précédé de *Le mauvais démiurge*
6365. Saint Augustin	*L'aventure de l'esprit et autres Confessions*
6366. Simone Weil	*Pensées sans ordre concernant l'amour de Dieu et autres textes*
6367. Cicéron	*Comme il doit en être entre honnêtes hommes…*
6441. Montaigne	*De la vanité*
6442. Marie de Gournay	*Égalité des hommes et des femmes et autres textes*
6443. Lal Ded	*Dans le mortier de l'amour j'ai enseveli mon cœur…*

6444. Honoré de Balzac	*N'ayez pas d'amitié pour moi, j'en veux trop*
6474. Aristote	*Est-ce tout naturellement qu'on devient heureux ?*
6475. Jonathan Swift	*Résolutions pour quand je vieillirai et autres pensées sur divers sujets*
6476. Yājñavalkya	*Âme et corps*
6477. Anonyme	*Livre de la Sagesse*
6548. Dante	*Je cherchais ma consolation sur la terre…*
6549. Olympe de Gouges	*Lettre au peuple et autres textes*
6550. Saint François de Sales	*De la modestie et autres Entretiens spirituels*
6551. Tchouang-Tseu	*Joie suprême et autres textes*
6602. Aristophane	*L'Assemblée des femmes*
6603. Denis Diderot	*Regrets sur ma vieille robe de chambre et autres textes*
6605. François de La Mothe Le Vayer	*De la liberté et de la servitude*
6620. Jean Anthelme Brillat-Savarin	*Dis-moi ce que tu manges, je te dirai ce que tu es*
6621. Lucrèce	*L'esprit et l'âme se tiennent étroitement unis. De la nature, Livre III*
6622. La mère du révérend Jôjin	*Un malheur absolu*
6670. Ryôkan	*Ô pruniers en fleur*
6711. Baltasar Gracian	*L'Art de vivre avec élégance. Cent maximes de L'Homme de cour*
6762. Simone de Beauvoir	*Pyrrhus et Cinéas*
6763. Dōgen	*La présence au monde*
6793. Lou Andreas-Salomé	*Ce qui découle du fait que ce n'est pas la femme qui a tué le père et autres textes psychanalytiques*
6794. Sénèque	*De la vie heureuse* précédé de *De la brièveté de la vie*
6902. Élisée Reclus	*La source et autres histoires d'un ruisseau*
6903. Simone Weil	*Étude pour une déclaration des obligations envers l'être humain et autres textes*
6930. Collectif	*Haikus de printemps et d'été*
6931. Épicure	*Lettre à Ménécée et autres textes*

Tous les papiers utilisés pour les ouvrages
des collections Folio sont certifiés
et proviennent de forêts gérées durablement.

Composition Nord Compo
Impression Novoprint
à Barcelone, le 21 mars 2022
Dépôt légal : mars 2022
1er dépôt légal dans la collection : février 2019

ISBN 978-2-07-283110-2 / Imprimé en Espagne

447037